不被情緒勒索的51個方法

漫畫・圖解

和田秀樹——著
伊之文 譯

suncolor
三采文化

為什麼總是受人擺布？
前輩！
噠噠噠
妳的Excel超強的對吧？這些資料可以拜託妳嗎？
大疊
咦？
啊……好……
不會自己做啊……
當天晚上
附近有一家新開幕的店，大家一起去吧！
哇
前輩也會去吧？
啊……會……
其實我本來想去買東西的……
汪嗚—
嘰
嘰
真是越想越氣……每個人都這麼任性！
可是我就是無法拒絕……
唉

你總是在意別人的眼光嗎？

總覺得被周遭的人擺布，老是在迎合別人，自己的事總是放到最後……有些人就像漫畫裡的女孩一樣，這類人其實有個共通點，在他們心裡，「不想被孤立」和「不想被討厭」的想法過於強烈，讓他們勉強自己看著別人的臉色過生活。如果太在意別人的眼光，老是看別人的臉色過日子，就會越來越常違背自己的意願，總是心情不好。重點在於，要誠實面對自己的想法，果斷地對別人的期待說「不」也沒關係。

為什麼總是容易煩躁？
○○站
山田這傢伙有夠慢的！
焦躁
焦躁
噠噠噠
抱歉，久等了！
我們走吧！
喂！你讓我等這麼久，還擺出這種態度！
你之前也遲到過！
這麼不守時，你有沒有常識啊！
真是的。山田那傢伙，完全不懂禮貌！
嗯……
但是，他只遲到兩分鐘耶。如果是我，不會為了這點小事生氣。
什麼！
才兩分鐘而已啊。
等人等得很不耐煩，原因說不定在你自己身上。
是吧？
什麼？原因出在我身上？

察覺自己的「情緒偏見」

漫畫中的男人對別人的遲到行為很不耐煩，忍不住想要抱怨，他是不是誤以為自己的「常識」才是對的呢？每個人都有屬於自己的「情緒偏見」，很在意時間的人，只要別人稍微遲到就會很敏感，動不動就焦躁，這代表焦躁的真正原因其實是出在自己的個性上。這個時候，最重要的是察覺自己在個性上的偏見，這樣就不會執著於自己的「常識」，也就不會對別人的言行吹毛求疵甚至不悅。

「希望你懂我」症候群
哇——今天要在遊樂園約會！
……
蹦蹦
跳跳
呀啊——好好玩！
……
轟
哇，這個好好吃！
……
嚼嚼
嚼嚼
昨天
你這個沒用的東西！
對、對不起！
尖酸
我要回去了！
喀噠
咦？
為什麼？
我還以為只有妳會懂我！
轉頭
太失望了！
咦？
真是的！每個人都這樣！
垃圾桶
咚！

不懂別人的心是理所當然的

男友突然在遊樂園裡暴怒，他究竟怎麼了？他的內心話其實是：「昨天我在公司挨罵了，覺得很不爽。身為我的女友應該要察覺我不開心，溫柔地關心我才對！」可是，從女友的角度來看，當然會感到困惑。就算不說出口，對方也應該要懂……這不過是幼稚的想法，要別人配合這種任性的要求非常不合理。**人本來就無法理解別人的心，只要了解這一點，就是讓自己擁有好心情的第一步。**

你是否太在意
輸贏了呢？
世上的一切不是「贏」
就是「輸」！
WIN
LOSE
那手錶是便宜
貨！我贏了！
哼哼
嗚喔——
是名牌手錶！
我輸了……
沮喪
叮咚♪
我跳槽到
○○公司了！
YA！
什麼？
是那家超一流
企業？
震驚
我讀A大學，
他讀B大學，
以前明明是我贏的……
為什麼
現在輸了！

太在意輸贏，就無法擺脫壞心情

漫畫中的男人凡事都要和別人一較高下，每天心情都起起伏伏，我們生活周遭應該也有像他這樣的人。一旦習慣用輸贏評斷一切，輸的時候當然會不開心，而且我們不可能永遠都是贏家，所以就算暫時贏了，也還是擺脫不了壓力，甩不開負面情緒。不要被社會的輸贏標準綁架了，幸福與否的標準由自己決定，不用輸贏來評斷自己的立場和行動，就能遠離負面情緒。

〈前言〉

從承認「情緒」開始

你是否發現，控制不住內心情緒、心情不好的人變多了呢？證據就是市面上開始充滿了各式各樣的情緒書籍和相關議題，大多都在探討「情緒調整」、「情緒控管」與「不情緒化」等等的訣竅。看到這些書籍，大家可能會覺得情緒化是一件不好的事，應該要像修行僧一樣，追求心如止水的境界。

老實說，我是個容易情緒化的人，尤其是我個性很急，容易因為一點小事就煩躁，雖然我容易情緒化，卻很少出現問題行為。我有幾個祕訣，第一個是對於「自己比別人更急躁」這件事要有所自覺，先從承認自己的情緒偏見開始，就能壓抑怒氣。第二個是不把自己的想法視為絕對，接受其他的可能性，不堅持己見，就沒有壓力。第三個是重視結果，我希望得到對自己有益的結果，有時會不惜向別人低頭。這些方法的重點在於不是如何消除自己的情緒，而是如何不被情緒影響，因為我們是人，本來就會有心情不好的時候。

雖說如此，如果可以的話，與其心情不好，還是心情好的時間多一點比較好。如果一直心情不好，人體的免疫力會下降，也容易生病；相反地，心情愉快時，免疫力會跟著提升，身體更健康。因此，本書除了消除負面情緒與壓力的訣竅之外，還會大量介紹能讓心情愉快的方法，而且每一個都能馬上執行。

我以精神科醫師的身分撰寫了好幾本著作，提出許多不受情緒影響、讓工作和人際關係更順利的方法。在這本書中，我把那些精華整理得簡單易懂，並搭配豐富的插圖。我有自信這是一本能完全「讓心情由負轉正的情緒之書」，光是讀這本書，就能讓心情愉悅，衷心希望本書能為各位讀者帶來快樂的人生。

和田秀樹

《目錄》

第2章 馬上做！保證不情緒化的8大思考法

第3章 絕對不要做！讓人壓力大的7大行為

第4章 每天都有好心情的9大方法

附錄 讓心情由負轉正的17招情緒整理術

第 1 章

情緒影響身心的 10 大關鍵

POINT 5

不在意別人的眼光

因為「不想被討厭」，
反而會被旁人影響。

➡ 38 頁

POINT 6

接受「過去無法改變」

別再為過去的事情煩惱，
而是好好把握下一次機會。

➡ 42 頁

POINT 7

你的擔心都不會發生

你所擔心的事，
大多都不會發生，不必東想西想。

➡ 46 頁

POINT 8

不把負面情緒發洩在別人身上

情緒會反彈，
你用負面情緒對待別人，
別人也會同樣對你。

➡ 50 頁

POINT 9

積極投入每一項工作

就算是不喜歡的工作也不要表現出來，要不然吃虧的是自己。

➡ 54 頁

POINT 10

正確答案不只一個

世上有各種不同的正確答案，
要有肚量接受多元的聲音。

➡ 58 頁

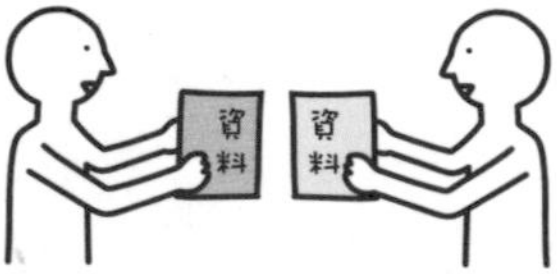

情緒影響身心的

10 大關鍵

人本來就有情緒，
若不學著好好控制，就擺脫不了壞心情。

POINT 1

控制情緒並自制

要是在一氣之下口出惡言，
只會讓人際關係惡化。

➡ 22 頁

POINT 2

別被情緒牽著鼻子走

產生負面情緒時，
試著把它化為動力。

➡ 26 頁

POINT 3

你是不是一臉不開心？

如果你的壞心情容易表現在臉上，
就要養成確認情緒的習慣。

➡ 30 頁

POINT 4

擁有「滿足感」

「滿足感」能讓壞心情遠離你。

➡ 34 頁

1

若無法控制情緒，人生就會變得不幸

★把情緒表現出來，會更討人喜歡。
★有喜怒哀樂的變化會讓人變得更年輕。
★若不克制情緒，人際關係就會惡化。

把情緒表現出來，會更討人喜歡

人擁有各種情緒，經歷幸運的體驗會感到開心，有了不愉快的體驗會發怒，是再理所當然不過的事。群體生活時，比起不顯露情緒、從表情看不出在想什麼的人，**人們會對展露出情緒的人更有好感**。在電影或連續劇中，情感豐富的人物經常被描寫成容易親近的角色，例如，電影《男人真命苦》的主角阿寅就是個喜怒哀樂很強烈的人，有時候跟人吵架而情緒激動，有時候又因為失戀而垂頭喪氣，這就是他的魅力所在。

「把情緒表現出來」並不是壞事，特別是表現「開心」情緒的人，會令人心情愉快，擁有好心情的人看在旁人眼中也覺得舒服，自然討人喜歡。**當我們感覺到喜怒哀樂時，位於大腦新皮質（Neocortex）的額葉（Frontal Lobe）會活躍，具有提高精力、刺激智力和常保年輕的效果。**問題不在於把情緒表現出來，而是放任情緒失控而產生的問題行為。

何謂「控制情緒」？

無法控制情緒的人，內心經常感到不安、憤怒、陰鬱或苦悶，因此累積許多壓力。當累積的情緒爆發出來時，很可能會做出問題行為，例如，因為憤怒而毆打別人，或是說出傷害對方的話而引發糾紛，人際關係進而惡化，讓團體生活變得難過。「控制情緒」並不是指「不可以有情緒」，而是在情緒來時自我克制，不做出問題行為。

能夠控制情緒的人不僅擅長與人交往，還能夠在精神集中的狀態下投入工作或學業，因此總會拿出穩定的成果。能否控制住情緒，會對人生產生很大的差別，請各位要先理解這一點。

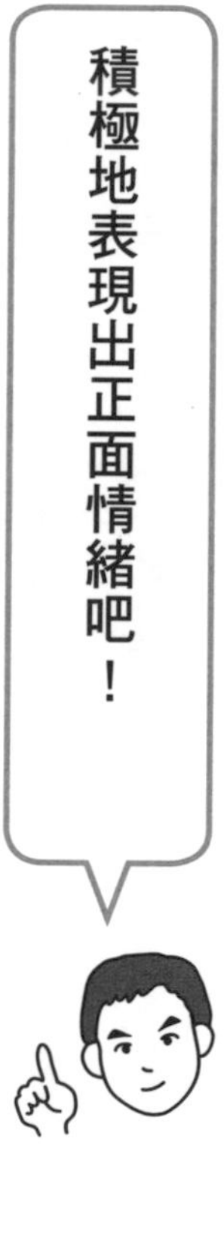
積極地表現出正面情緒吧！

「表露情緒」是 OK 的，重點在於不做出問題行為

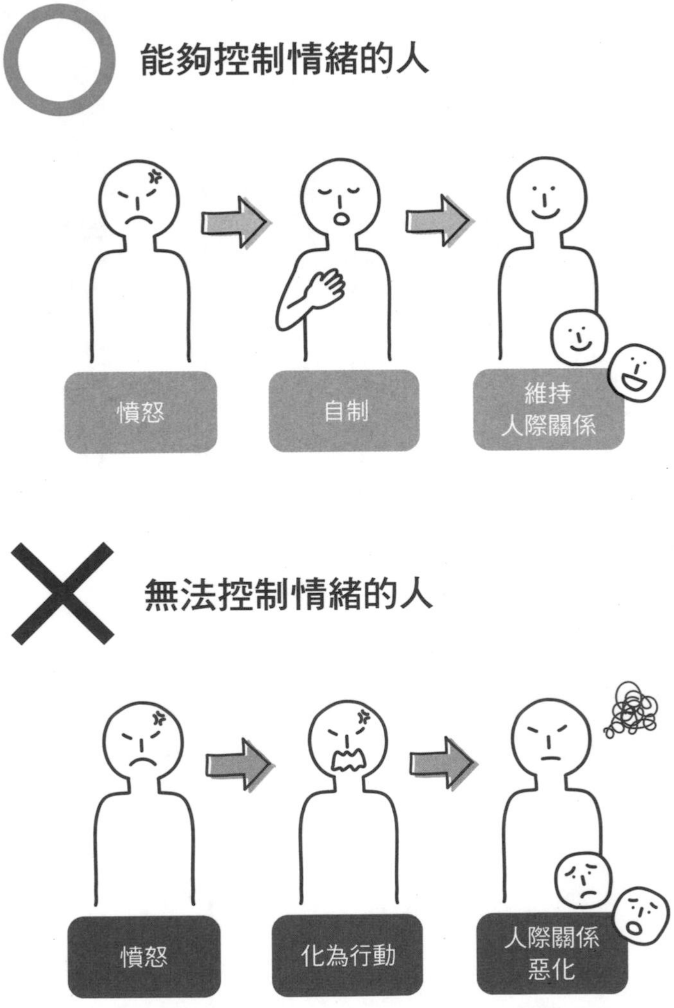
能夠控制情緒的人
憤怒
自制
維持
人際關係
無法控制情緒的人
憤怒
化為行動
人際關係
惡化

2

負面情緒來時，學會接受並消化

★有負面情緒也無妨。

★把負面情緒化為動力。

★一旦被情緒支配，事情就不會順利。

負面情緒是成長的原動力

「我聽說跟我同期進公司的同事升官，超嫉妒的。」

「一想到自己就這樣單身一輩子，就突然覺得好寂寞。」

當我們面對某些事情時，會產生嫉妒或不安，我在上一節提過，「擁有負面情緒」本身並不是一件壞事，因為**負面情緒會化為讓人成長的原動力**。我們以「不安」為例來思考看看吧！我經常聽到大學考生的煩惱，有一位考生說很擔心自己就算拚命讀書還是考不上，為此不安到了極點。

我這麼回答他：「感到不安絕不是壞事，如果你覺得超有自信，就不會想要讀書了吧？所以，你該做的並不是消除不安，而是把不安化為讀書的動力。」正因為感到不安，人們才會為了將來而努力唸書。正因為曾經失敗才會感到不甘心，才會努力讓朋友刮目相看，進而出人頭地。換句話說，**情緒可以化為動力的來源**。

被情緒支配和不被支配的人

把負面情緒化為動力並發憤圖強是件好事。但是，事實卻是很多人都無法控制負面情緒。

「滿腦子只擔心考不上，導致無法專心讀書。」

「考試時太過緊張，無法好好作答。」

這些都是被情緒支配的例子。

被情緒支配不但沒有建設性，還會導致人生不順；相反地，能夠掌控情緒的人會採取有建設性的行動，讓工作和私生活都很充實。時常被情緒支配的人，必須趕快學會如何控制它。

正因為有負面情緒，人才會成長。

別被情緒支配，巧妙利用最重要

不安

有負面情緒很正常！

**人可以把負面情緒化為動力，
努力向上並獲得成長。**

3

情緒寫在臉上的人，會吃大虧

★一臉不悅的人總是無法掌控情緒。

★擺出不高興的表情吃虧的是自己。

★養成確認自身情緒的習慣。

「臭臉人」會陷入情緒的惡性循環

無法掌控情緒、總是不開心的人會常常擺臭臉。一臉不悅的人，會讓旁人不想靠近，就算有再偉大的頭銜和實績，最終還是會被貼上「難搞」和「幼稚」的標籤，**不僅會讓人敬而遠之，就連工作能力都會被貶低。**如果總是對別人擺出一張臭臉，這些負面影響都會回到自己身上，被人當作一個無能的人，結果就是交不到朋友、得不到機會、做不出好成果，導致陷入評價降低的**惡性循環**中。

壞心情容易表現在臉上的人，大多都沒有自覺，因為他們沒有覺察自己的情緒，所以心裡想什麼馬上就會表露在臉上。他們當然也不知道旁人為什麼遠離自己，所有的一切都變得不如意。

養成察覺自身情緒的習慣

壞心情容易表現在臉上的人，首先要察覺自己的情緒。

「我聽到那個人在炫耀，所以感到嫉妒。」

「我正為了這個困難的工作感到不安。」

像這樣察覺自己的情緒，是掌控情緒的第一步。

人們總是誤以為自己最了解自己，尤其是必須經常壓抑情緒的人，更有這樣的誤解。首先，要養成察覺自身情緒的習慣，一天之中可以不時思考「自己現在情緒如何？」或是晚上在房間裡回顧今天的情緒變化也可以。像這樣察覺自己的情緒，就可以知道自己容易在什麼時候不開心，只要一個簡單的想法，就不會再無緣無故地心情不好了。

老是臭臉，能力就會被低估。

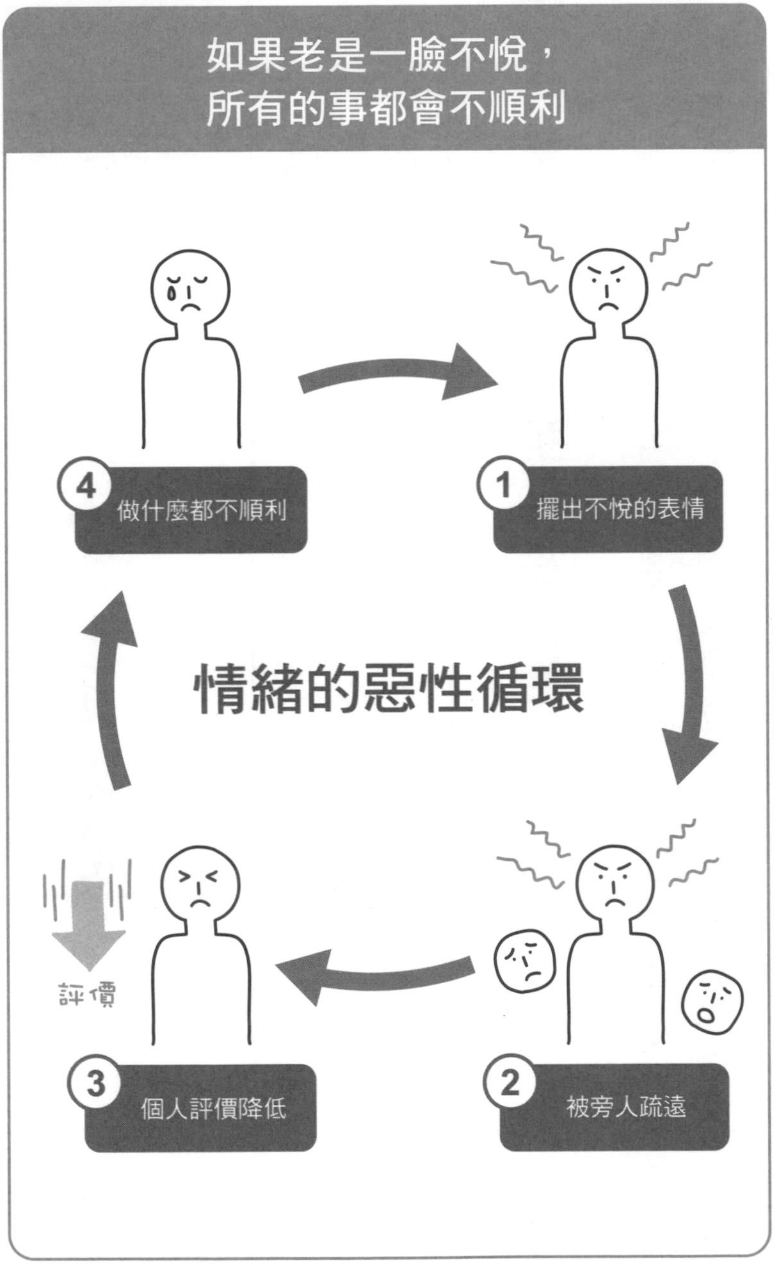
如果老是一臉不悅，
所有的事都會不順利
4 做什麼都不順利
1 擺出不悅的表情
情緒的惡性循環
評價
3 個人評價降低
2 被旁人疏遠

4 不滿足的人容易不開心

★被旁人忽視的人容易不開心。
★在精神和金錢面上有餘裕的人比較開心。
★要對自己置身的環境抱著「滿足感」。

不要用發洩負面情緒來滿足自戀需求

精神科醫師寇哈特（Heinz Kohut）為美國的現代精神分析學帶來莫大影響，他曾說：「人會在自戀需求不被滿足時感到不悅。」尤其是小時候缺乏父母關愛、不被家人或朋友重視、工作不順的人，他們的自戀需求都是缺乏的，一旦在日常生活

遇到一點小問題，馬上就會顯露出不高興。

舉例來說，這類型的人會在電車稍微誤點時質問站務員，或是餐點比較慢送上來就對服務生咆嘯，對站務員或服務生大聲斥責的行為就等於是在主張「身為顧客的我地位比較高」。當對方道歉，這類型的人就會認為「果然自己比較優越」，自戀需求才得到滿足。但是，**藉由發洩負面情緒來滿足自戀需求是一種高風險行為**，因為不但會讓對方不愉快，很可能反過來被攻擊，或是成為旁人譴責的對象。

有「滿足感」的人不會焦躁不安

那麼，不愁吃穿、樂在工作與嗜好、人際關係也很圓融的人又如何呢？這類型的人自戀情緒得到滿足，在金錢和精神面上都很有餘裕，所以不容易有壞心情。就算電車誤點、餐點延誤，他們也能坦然地接受，就像什麼事都沒發生一樣。

「年收超過○○萬」或「朋友超過○○人」這種能令人滿足的客觀基準並不存

在，即使是有錢人，或者是身邊經常有朋友圍繞的人，還是有許多人並不滿足。**重點是，能否在自己置身的環境中獲得「滿足感」**，在生活與人際關係上感到滿足和不滿足的人之間有著極大的差別，理解這一點是很重要的。

當自戀需求得到滿足，
焦躁感就會大幅減輕。

心情好不好，取決於「滿足感」

不滿足的人

藉由體會到「自己比對方優越」
來滿足自戀需求。

滿足的人

自戀需求已經獲得滿足，
所以不會不開心。

5

因為「不想被討厭」，才會不開心

★越是「不想被討厭」，就越會迎合別人。
★一旦迎合別人，就會違背自己的意願。
★因為違背自己的意願，所以不開心。

總是被旁人耍得團團轉的人

A小姐是位在東京工作的上班族，每天都過得很充實，但是她有個煩惱，那就是職場上的人際關係。包括A小姐在內的四位同齡女性經常一起吃午餐，在旁人眼中是感情很好的一群人，A小姐並不討厭其他三個人，但她們很常周末約A小姐出來，這讓Ａ小姐覺得很頭痛。

Ａ小姐覺得：「在職場上感情好是無所謂，可是我不想要連周末都跟她們在一起。」不知道Ａ小姐真正想法的其他人還是每周都約她出去，像是「這個周末去鎌倉玩吧」，或是「有好看的電影上映了，要不要一起去看？」

即使Ａ小姐表示「這星期很忙，想在家休息」，還是被其他人拉著一起出門了。就算出門了，Ａ小姐就只能跟著其他三個人去她們想去的地方，一點也不開心，這讓Ａ小姐越來越不高興。

隱藏在「無法拒絕」背後的恐懼感

Ａ小姐明明不願意，卻還是參與了團體行動，背後的原因就是「不想被孤立」和「不想被討厭」。她害怕自己要是脫離了團體，就會失去歸屬，就是這種恐懼感讓她無法拒絕別人，想改善這種情況的最好方法就是果斷拒絕不想接受的邀約。

拒絕一、兩次後還是能保持良好友誼，才算是真正的好朋友，但是A小姐就是提不起勇氣拒絕，因為她沒有自信，一旦拒絕過一次是否還能留在這個團體裡。這個例子告訴我們，不敢拒絕的人比別人加倍在意對方的心理，然後就會**壓抑自己的情緒，以對方的想法為優先**。這類型的人會為了滿足旁人的期待而違背自身意願，結果就是讓自己不開心。

拒絕一、兩次也無妨的
才能算是真正的朋友。

一旦在意對方的看法，就容易不開心

▶接受不想去的邀約

下次一起去玩吧！
真不想去……

▶迎合旁人的期待

很好玩吧？
嗯、對啊……

▶違背自身意願的結果，就是讓自己不開心

一點都不好玩！
早知道就不去了……

情緒影響身心的10大關鍵

6

忘不了過去的人，容易情緒低落

★因為忘不掉過去的事，所以擺脫不了負面情緒。
★擺脫不了壞心情，就容易生病。
★理解「過去無法改變」很重要。

總是擺脫不了負面情緒的人

我在二十六頁提過，只要是人都會有負面情緒，只不過每個人的時間長短不同而已。以被上司斥責為例，有些人只會消沉一下子，認為「一直悶悶不樂也不是辦法」並振作起來，但也有人就這麼一直消沉下去，心情遲遲無法平復。精神科醫師

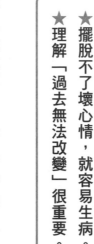

森田正馬曾經提出一項情緒法則：「當人們把情緒放著不管，情緒就會像一條圓弧形的曲線逐漸消退，最終完全消失。」簡單來說，無論是憤怒或悲傷，都會隨著時間過去而平息。

然而，擺脫不了負面情緒的人動不動就會想起往事，例如偶然回憶起被上司責備的事並再度陷入消沉，要是長期處於負面情緒，免疫力就會下降，很可能會罹患憂鬱症或搞壞身體。為了快樂地活下去，還是要學著好好整理情緒，不被情緒牽著走的能力。

不管再怎麼煩惱，過去都無法改變

那麼，該怎麼做才能對過往釋懷呢？最重要的就是從理解「過去無法改變」開始。前面曾經提到森田正馬醫師，他所發明的森田療法並不是把患者的過去當作問題，也就是「不治療年幼時期的心理創傷」。

為了無法改變的過去而煩惱，就無法從煩惱中真正解脫，對過去耿耿於懷沒有半點好處。「我在工作上犯了錯，被上司罵了。我果然很沒用！」像這樣悲觀地看待往事，就只是被束縛而已，**能做的就是改變看待過去的心態**，「這次雖然失敗了，只要小心下次別再犯錯就好。」一個簡單的轉念就夠了。

過去的事，就算煩惱也沒有用。

想要擺脫負面情緒，
就要學著好好整理！

一直沉浸在負面情緒中，
就會不斷消沉下去

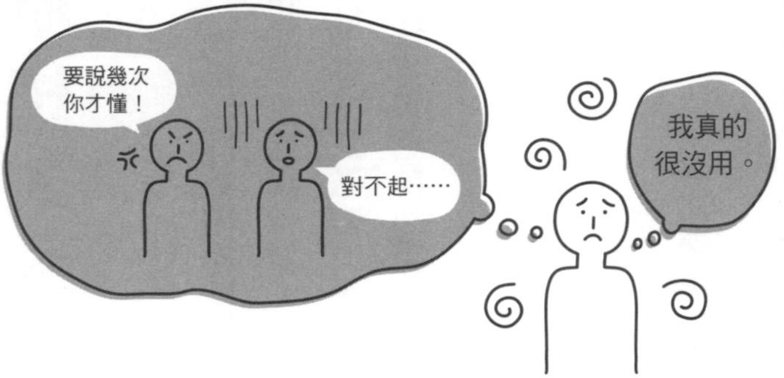

理解「過去無法改變」

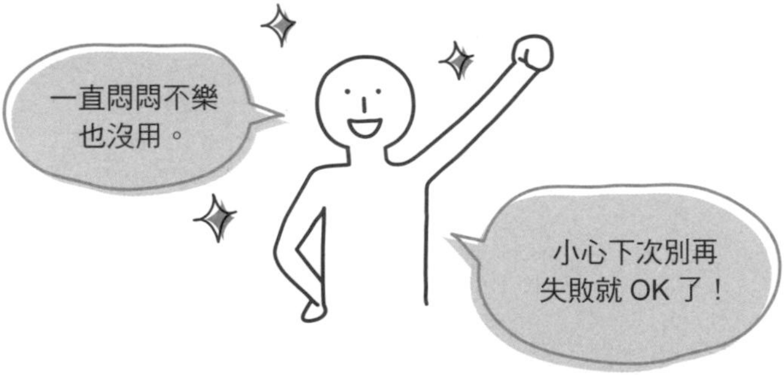

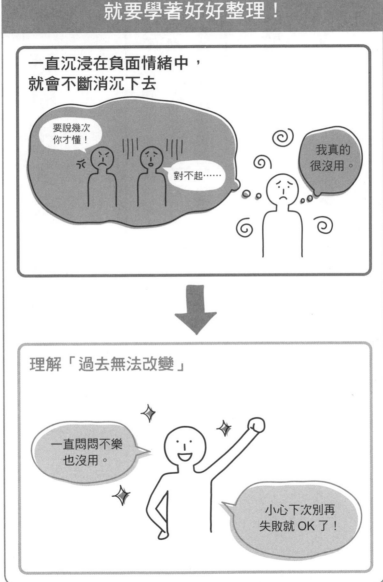

情緒影響身心的10大關鍵

7

越是想太多，就越是不安

★不安的情緒一旦出現就沒完沒了。

★別去想那些你無法改變的事。

★要知道做任何事之前都要承受風險。

悲觀者的共通點

有些人對「未來」充滿著許多悲觀的想法。

「穿著喜歡的鞋子出門，要是下雨了怎麼辦？」

「以前沒去過那裡，說不定會迷路。」

越是這樣想就越不安，變得討厭出門。**想東想西而變得不安的人，會把自己正在想的事情當作是「當下最嚴重的問題」**，因此一旦浮現了悲觀的想法就會覺得不安。由於思考也解決不了問題，所以這類人會不斷煩惱下去，那些令人不安的事，的確是很有可能發生，所以才會越想越煩惱。相較之下，對不安比較無感的人，根本不會花心思在那些想也解決不了的問題上。

「等真的下雨了再想辦法。」

「要是迷路了，向人問路就好啦。」

就是這樣的態度，所以不會為了下雨或迷路而感到不安。

你所擔心的事，絕大多數都不會發生

不會感到不安的人總是重視「眼前」，他們會以平常心選擇想穿的鞋子、事先查好路線，為明天的外出做準備，他們會優先思考可以得到「答案」和「結果」的事情，對於想不出答案的事，則會當作「與自己無關」。

事實上，**那些令人不安的事，絕大多數不會發生**，像是墜機或遭遇殺人魔這類案件有可能發生但機率還是相當低。如果還是感到不安，就應該從發生率高的事情開始擔心，然後把發生率低的事情視為「幾乎不會發生」，在做任何行動前都必須接受風險承擔是很重要的。

把專注力放在眼前的事情上，
就能減輕不安。

越想只會越不安，就算擔心，風險還是存在

會引發不安情緒的因素太多了。

跨越不安的訣竅

訣竅 1
先擔心發生率高的事。

訣竅 2
發生率很低的事，就當作「不會發生」。

訣竅 3
別害怕風險，勇敢行動。

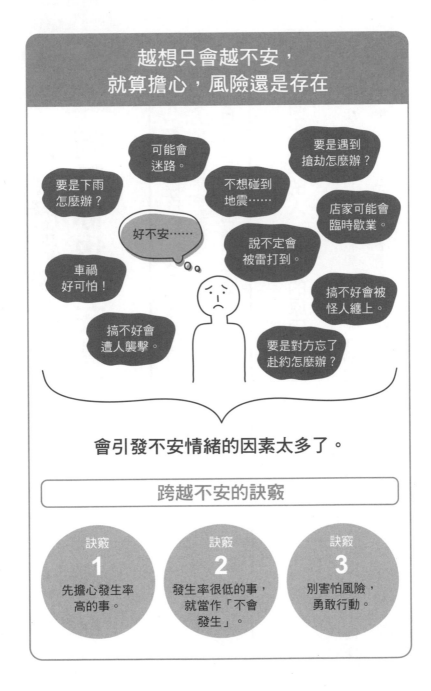

8

為什麼覺得被別人情緒勒索？因為你也正在勒索別人

★「看不順眼的人」變多了，那是你的錯。
★人類的情緒會互相傳染和反彈。
★壓抑自己的負面情緒很重要。

「看不順眼的人」變多的原因

生活中總有些「討厭鬼」，看到他的臉就不愉快、跟他對話就覺得自己不被尊重，讓人覺得很難搞。不過，如果你身邊有這些讓你看不順眼的人，問題不一定出在對方身上。

試著回想一下，你是怎麼對待那些人的呢？像是對對方的發言反應過大、擅自猜測對方的想法並反擊等等，其實當我們的情緒越糟，周遭的「討厭鬼」也就越多。因為情緒不好的人只要遇到一點不順利，就會擅自認定別人敵視他，他們就像這樣一邊增加自己身邊的討厭鬼，一邊感嘆自己周遭都是這些人。

當你不喜歡別人，別人也不喜歡你

當你對別人抱著負面情緒，對方也會對你抱著負面情緒，因為沒有人會對對厭惡自己的人有好印象，大多會採取反彈的態度。人際關係中有「情緒反彈法則」，當我們散發出正面情緒，對方就會反彈正面情緒；散發出負面情緒，就是負面情緒反彈回來。散發出去的情緒越強烈，反彈回來的也就越強烈。

即使是熟識多年的好朋友，要是其中一人因為某些原因侮蔑另一個人，情緒就會反彈，讓雙方的關係瞬間惡化，這些都是我們曾在生活中碰到的親身經歷。當你對對方感到不耐時，對方也會反過來對你不耐煩，**因為你不喜歡對方，對方自然也不喜歡你。**雖然我們理性上都知道這一點，但還是一直對周遭的人散發負面情緒，這也證明了有很多人無法控制自己的情緒。

就算身邊有討厭鬼，
問題也不一定出在對方身上。

你用負面情緒對待別人，對方也會同樣對待你

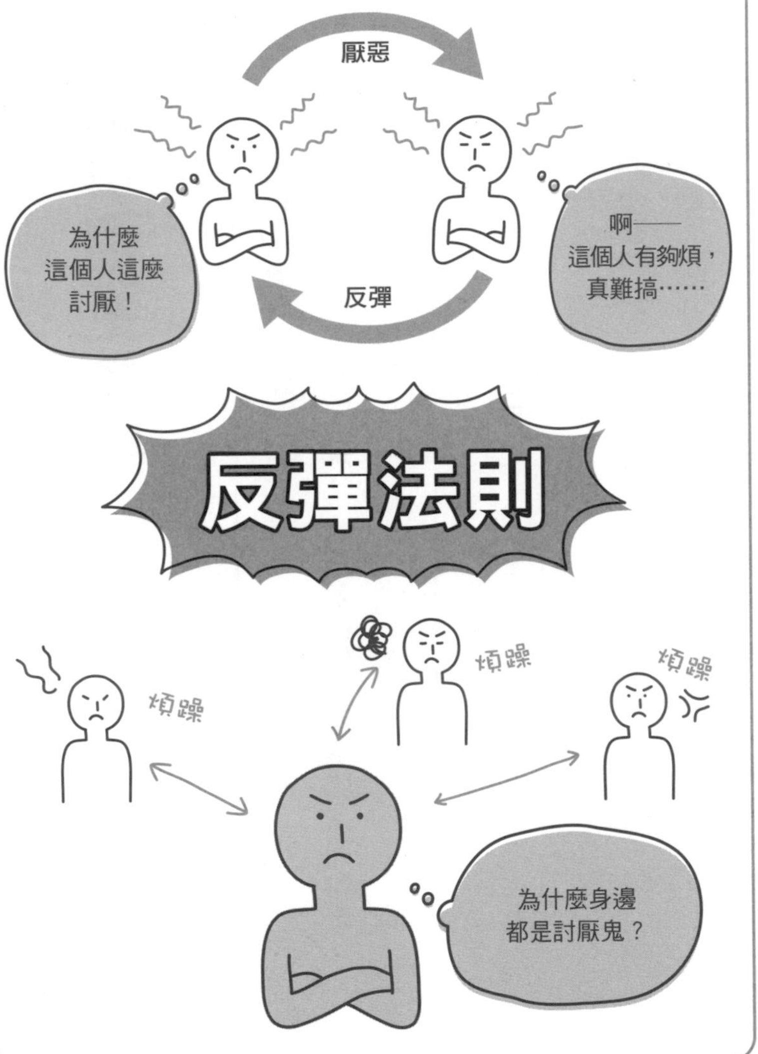

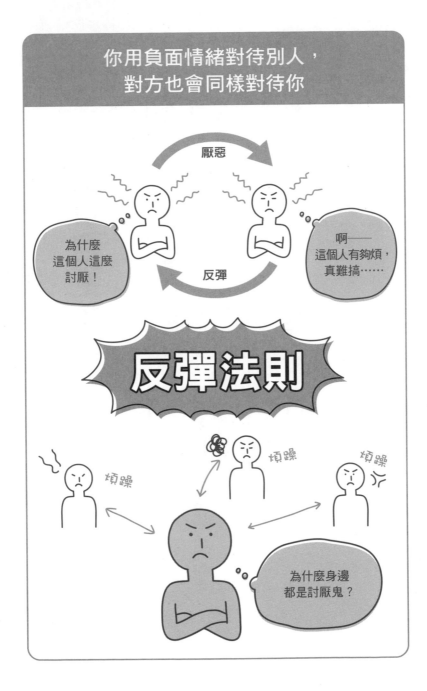

9 情緒的惡循環，只會引發更多惡循環

★情緒不好的人容易被迫做吃虧的工作。
★情緒控管好的人就算接到吃虧的工作，也不會表現出不高興。
★情緒控管好的人會得到好機會。

情緒越不好，吃虧的工作就越會找上門

生活中我們有時會覺得運氣好，但也有運氣不好的時候。不過，跟一般人比起來，總是情緒不好的人，似乎更不受幸運之神的眷顧。實際上，情緒不好的人很容易被迫去做吃虧的工作，舉例來說，上司有時會要求在明天開會前準備好資料，或

是吩咐要先準備好會議室，這些都是就算努力去做，也不會得到高度評價的工作，**而這類的工作往往會交給情緒不好的人去做**。

原因在於，被迫做這些吃虧工作時，情緒不好的人會露出一副不情願的樣子，並口出怨言。因為他們總是抱著壞心情執行工作，所以工作的品質往往也很差，例如資料沒有按照頁數排列、會議室的椅子數量不夠等等，所以他們不會被分配到更高階的工作。

情緒控管好的人，工作更順遂

相較之下，**情緒控管好的人即使被迫去做不喜歡的工作，也絕對不會露出不悅的表情**，他們會帶著好心情完成被交辦的工作，所以完成的速度很快。看在旁人眼中，會覺得「把工作交給這樣的人能得到好成果」，下次會請他做更高難度的工作，**多次不負期待完成工作後，未來被委以重任的機會就會很多**。

這樣一來，下次輪到這個人處理雜務時，旁人反而會協助他盡早完成工作，接觸雜務的機會就會越來越少，職場上的工作分配也會固定下來。吃虧的工作，往往會找上常有怨言、情緒控管不好的人，不想在職場上吃虧的話，還是要擺脫壞情緒才行。

情緒不好的人，
都會被迫做不喜歡的工作。

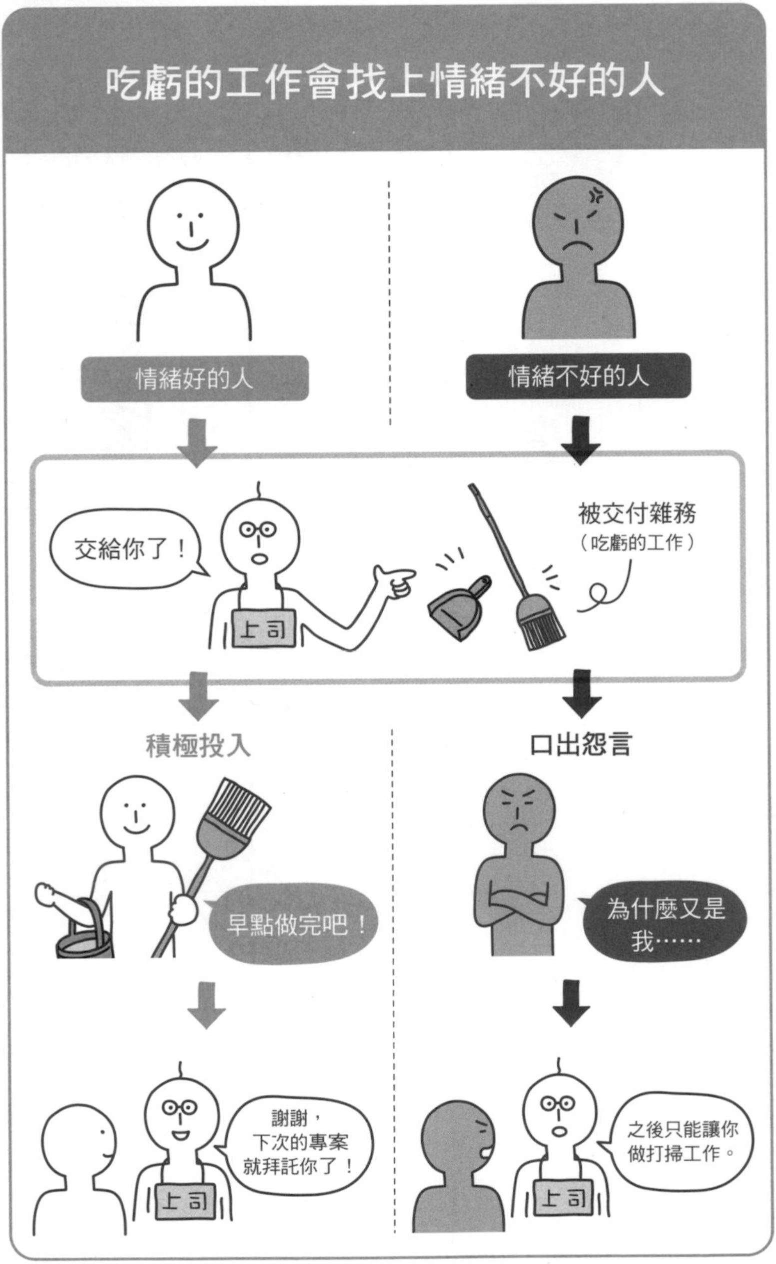
吃虧的工作會找上情緒不好的人
情緒好的人
情緒不好的人
交給你了！
上司
被交付雜務
（吃虧的工作）
積極投入
口出怨言
早點做完吧！
為什麼又是我……
謝謝，下次的專案就拜託你了！
上司
之後只能讓你做打掃工作。
上司

情緒影響身心的10大關鍵

10

以為「標準答案只有一個」才會心情不好

★「主觀認定」會讓人心情不好。

★正確答案永遠不只一個。

★接受不同看法與價值觀很重要。

「主觀認定」只會增加壓力

「事情非〇〇不可。」

「我該走的路只有一條。」

像這樣主觀地認定一件事，最容易讓人心情不好、陷入不安。舉例來說，我認為「某種程度的膽固醇偏高並不是問題」，但是有些醫學專家就會認定「膽固醇過高＝不健康」。這樣的想法，讓我成為專家們責難的對象。

「高膽固醇本來就是問題，這已經在醫學上獲得證明。」

「這在動物實驗和歐美的研究中都已經被驗證。」

我個人認為，既然他們如此強烈主張，那就進行流行病學的調查，提出證據給大家看。在歐美和日本，心肌梗塞的發病率和飲食習慣都不同，所以必須針對日本詳細調查，只要公開調查結果，就能為一般大眾提供有用的資訊了。

心態開放、姿態柔軟，才能不被「標準答案」束縛

認為「自己才是對的」的人，會對意見不同者抱持強烈的敵意，結果就是時常在憤怒中過日子。

「我才是對的！」

「不，我不可能有錯！」

像這樣沒完沒了地爭論誰對誰錯，也解決不了問題，越是堅持己見，就越擺脫不了壞心情和壓力。

「換個角度看，就會發現各種正確答案，唯一的標準答案並不存在。只要實際進行調查，得到接近正確答案的結果即可。」

像這樣，態度開放地尋找解決方案是必要的，人本來就擁有不同的價值觀，沒必要把自己的價值觀強加在別人身上。

每件事都有各式各樣的正確答案。

用「主觀認定」看事情，最讓人不開心

✕ 主觀意識太強的人

堅持己見的人，容易和人起衝突。

○ 心態開放的人

願意接受各種觀點和答案，傾聽別人的意見。

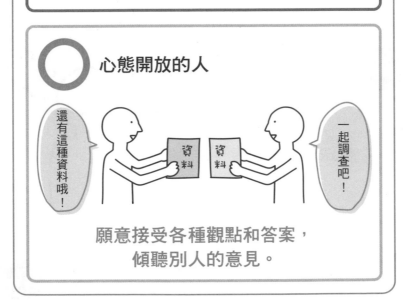

情緒整理的練習題❶

第 1 題 何謂「情緒掌控」？

A 不要有情緒

B 即使有情緒，
也不做出問題行為

第 2 題 精神科醫師寇哈特說，
人在什麼時候會心情不好？

A 自戀需求不被滿足的時候

B 無法再愛別人的時候

答案 第1題 B （→ 22 頁） 第2題 A （→ 34 頁）

第 3 題 為什麼迎合別人的人會不開心？

A 害怕被孤立，
所以勉強自己

B 總是和同一群人
一起行動，
很難交到新朋友

第 4 題 怎麼做才不會對過去耿耿於懷？

A 回想當時的事，
並加以反省

B 先從理解「過去無法改變」
開始

答案
第 3 題 A（→ 38 頁）
第 4 題 B（→ 42 頁）

第 5 題 對未來感到不安時，該怎麼做？

A 不去想那些想了也沒用的事

B 用力地煩惱那些問題

第 6 題 哪一種態度能避免壞心情？

A 正確答案不只一個

B 認定只有一個標準答案

答案

第5題 A （→46頁）

第6題 A （→58頁）

第 2 章

馬上做！
保證不情緒化的
8 大思考法

POINT 5

現在的自己就好了

只要「愛自己」，
就會產生安心感
和正面能量。

➡ 84 頁

POINT 6

不管何時都要誇獎自己

無論結果如何先誇獎自己，
心情就會逐漸好轉。

➡ 88 頁

POINT 7

相信自己會成長

人無論到了幾歲都能成長。
別放棄，要相信「自己可以」。

➡ 92 頁

POINT 8

找到精神慰藉的心靈支柱

讓自己有好幾根心靈支柱，
就算其中一根倒了，
還能保有餘裕。

➡ 96 頁

不成為情緒勒索者的

8 大重點

情緒化與否，取決於思考方式，
現在馬上做就有改變，請重新自我檢視。

POINT 1

找出自己的「情緒引爆點」

每個人都會對特定事物
感到不開心，
首先要有所自覺。

➡ 68 頁

POINT 2

人生只要做到 80 分就夠了

凡事要求完美只會讓自己很累，
80 分就夠，人生更輕鬆。

➡ 72 頁

POINT 3

真的不願意時要說「不」

提起勇氣說「不」。

➡ 76 頁

POINT 4

一周犒賞自己三次

為自己準備禮物，
會讓心情更美麗，
小小的獎勵也 OK。

➡ 80 頁

先察覺自己的「情緒偏見」

★情緒不好的人，容易對別人的行為感到焦躁。
★每個人都有自己的情緒地雷。
★承認自己的個性有偏差，才能真正穩定情緒。

為什麼會對別人的行為感到焦躁？

每個人都有特定的情緒地雷，只要對方做出這類行為就會感到焦躁，比方說，不遲到或是會提早五分鐘抵達約定地點的人，只要對方稍微遲到，就會非常在意。「為什麼那個人總是這麼不守時？」準時的人就會生氣，然後忍不住開口抱怨；同樣地，有潔癖的人就會很在意別人不打掃，「只要每天稍微收拾一下就好……房間那麼亂，竟然還住得下去。」潔癖者就會因此心情不好。

其實，大部分的人並不會對短時間的遲到和房間散亂這麼吹毛求疵，**只有時間觀念嚴格和有潔癖的人會為此生氣。**那些遲到或房間很亂的人，並不是故意要挑釁或是讓別人生氣，所以這些會生氣的人並不是因為別人行為散漫，而是因為自己對時間太嚴格或有潔癖。**一切都是因為自己的「情緒偏見」，才會那麼在意別人的言行舉止。**

每個人都有「情緒引爆點」

經常情緒不好的人，通常沒有察覺自己在個性上的偏差。要是認為「自己的個性很正常，是對方脾氣差又沒常識」，就永遠也無法擺脫負面情緒，因此首先要承認每個人都有特定的「情緒引爆點」，每個人一定都會對某些特定事物特別敏感。

只要老實承認「自己的時間觀念比別人嚴格」，就能夠冷靜看待別人的行為而不情緒化。想知道自己容易在什麼情況下情緒不好，詢問同事、家人或朋友也是個方法。只要察覺自己個性上的偏差，就不會再被別人影響心情了。

我們都有自己的「情緒敏感點」。

承認自己的「情緒偏見」，就不會被別人的行為影響

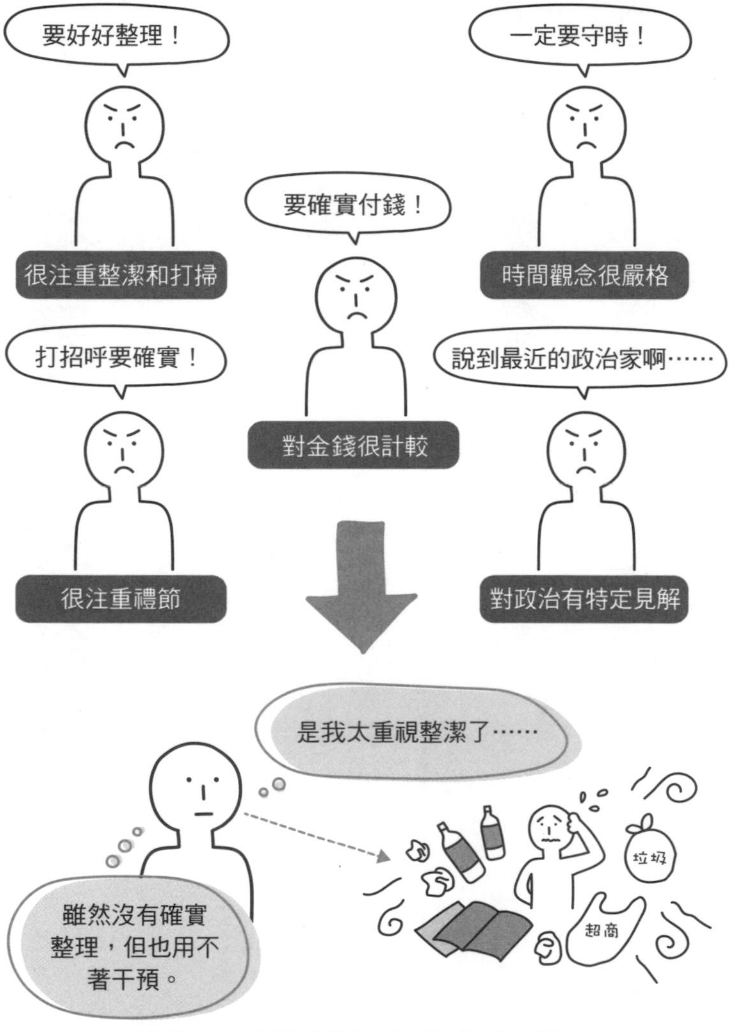

就能心情平靜地看待任何事。

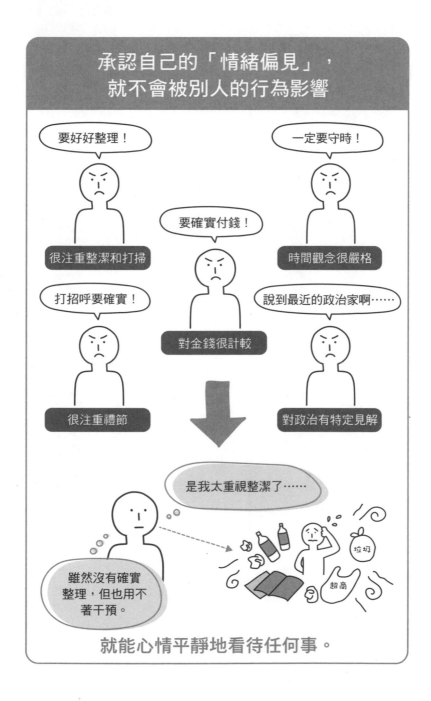

馬上做！
保證不情緒化的
8 大思考法

2

人生沒這麼難，80分就夠

★不可能凡事完美。
★太追求完美，就容易不開心。
★80分的人生就夠了。

完美主義是壞心情的源頭

無論工作、興趣或人際關係等等各方面，都不可能事事完美，就像有些人業務能力優秀，非常擅長向顧客介紹商品、提高成交率，但卻很不擅長寫報告的文書工作。這時，如果質疑「自己為什麼無法十全十美」就會陷入消沉，甚至有些人還相信自己無所不能，拚了命努力，最後只是累得筋疲力盡，承受莫大的壓力，反而讓情況惡化。

完美主義的人無論做什麼都以100％為目標，不允許偷工減料也不妥協，凡事全力以赴。**即使完成了80％，卻把注意力都放在沒有達成的20％上，為此感到挫折，**有這種個性取向的人無論做什麼都容易感到意志消沉，因此「完美主義」可說是令人不開心的要素之一。

轉換想法，達到80％就OK

如果想要擺脫完美主義帶來的負面情緒，就要先放棄追求完美，**凡事不追求100％，目標80％就夠了。**舉例來說，一般人會認為「希望和任何人都合得來」，但這是不可能的，當你碰到合不來的對象時，就抱著「我和八成的人都合得來就好」的想法。

在夫妻和朋友關係中，要是追求完美，關係就無法長久維持下去，正因為對方願意接納失敗的自己，關係才會長久。至於要做到哪種程度，才算是達到80%的標準，就要從經驗來判斷。「只要達到80%就合格了，如果剩下的20%也順利達成就賺到了。」會這樣想的人，才不會處於焦躁不安。

捨棄完美主義，從負面情緒中逃脫

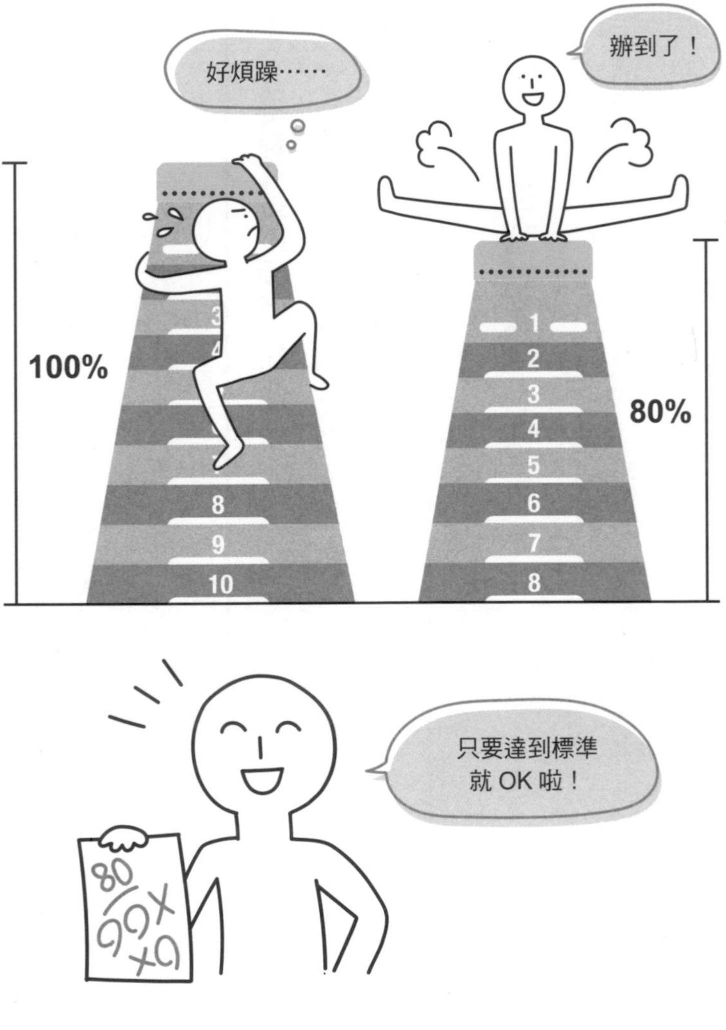

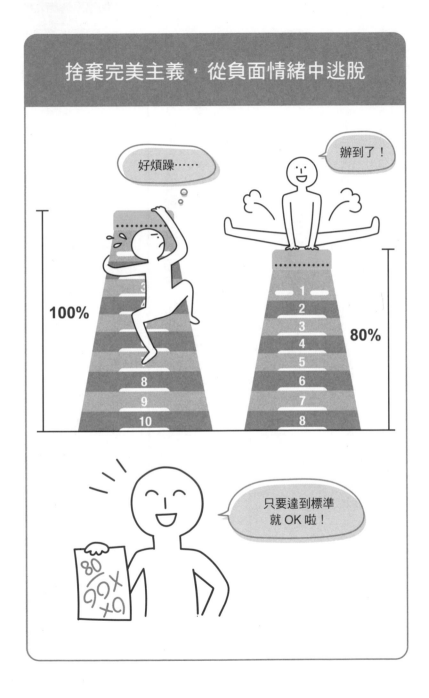

3

與其自己痛苦，不如勇敢說「不」

★許多人身邊都有斬不斷的人際關係。
★因為不敢說「不」所以心情不好。
★試著說「不」！

斬不斷的人際關係會導致壞心情

團體生活中許多人都有斬不斷的人際關係，就像不愛吃甜食的A平時很受B的照顧，某一天收到B送的大福，雖然A的真心話是不想吃大福，但還是勉強吃了一口，然後說「真好吃」。結果，B一心認定「送甜食能讓A開心」，從此之後一有機會就送甜食給A，到最後A也不敢說自己其實不喜歡甜食，所以感到壓力很大。

每個人或多或少都有類似的經驗，好比不敢不送年終禮品或賀年卡給曾經照顧過自己的人，或是不敢拒絕上司的酒席邀請，**社會中這些複雜的人際關係，讓每天都過得不愉快。**

提起勇氣說「不」

「對於討厭的事，我不敢說不。」

「因為不想惹麻煩，所以吃點虧就算了！人際關係良好最重要。」

如果你是這樣的人，那就從現在開始改變吧！**偶爾提起勇氣，試著說「不」。**對於不合胃口的伴手禮，可以直說「很抱歉，我不愛吃」；面對不想參加的酒席，回答「我有事不能去」也OK。

總是壓抑自身情緒的人，都會對說「不」感到猶豫，但是說「不」也是一種溝通，**無論對方立場為何，只要自己不能接受或不能忍受，就要老實說出來。**如果對方是通情達理的人，就算雙方都對彼此說出真心話，關係也不會改變，只要不要用情緒性發言攻擊對方就好，坦率地表明真心話與情緒化是兩回事。

不能接受或忍受時，要坦誠告知

不情緒化地說「不」。

4

對自己好，別人才會對你好

★一周犒賞自己三次。
★知道有開心的事等著自己，心情就會愉悅。
★從日常小事中發掘樂趣。

一周準備三個「禮物」給自己

想到要和討厭的人見面，或是要和討厭的上司開會……每當遇到這種鳥日子，總是不免心情沉重。相較之下，如果已經安排好要和喜歡的人約會，或是約好和朋友一起吃飯，從幾天前就會感到興奮，心情很好。

想到開心的事就會情緒高昂，面對討厭的事則會心情低落，這是人的習性。既然如此，可以事先準備能讓自己心情雀躍的「禮物」，就能保持好心情。我建議可以在一周內準備三個禮物給自己，關鍵在「可實現的範圍內」以及「能讓心情亢奮」兩項重點，像我就會事先預約好和太太兩人一起吃晚餐的餐廳，或是買想看的電影預售票。

簡單一點的就像確保閱讀時間，或是把自家收藏的高級紅酒開來喝，種類和方法都不限，無論是玩賽馬或賽船、看職棒或足球比賽、睡上十個小時、欣賞繪畫或是買花回家裝飾居家生活都可以。

從微小的發現中找到樂趣

在忙碌的生活中，人的感覺會漸漸變得遲鈍，進而對任何事失去興趣，對原本喜歡的事物也變得麻木，如果你怎樣都找不到可以當作「禮物」的樂趣，就請你好好回顧自己的生活。

試著從日常生活的微小之處找到樂趣，例如原本每天早上都喝沖泡式味噌湯，但其實比較喜歡用高湯現煮的味噌湯之類的小幸福。**先找到小小的樂趣，然後再加以延伸也是一種方法**，可以改用比往常更高級的味噌，或是高級昆布，像這樣追求屬於自己的樂趣即可。

事先準備禮物，
讓自己天天心情愉快。

一周準備三個小幸福給自己吧！

藝術鑑賞

閱讀

觀賞體育賽事

到餐廳吃飯

玩賽馬

高級紅酒

一周準備三個禮物

一	二	三	四	五	六	日
	犒賞		犒賞		犒賞	

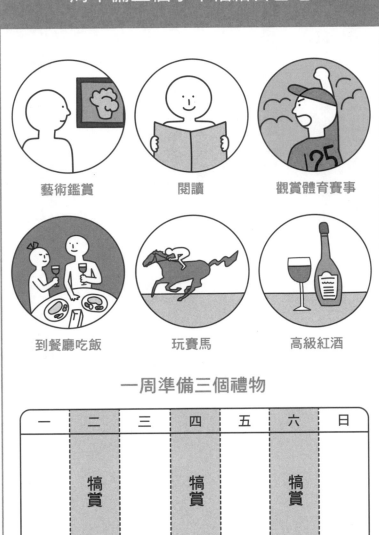

5

懂得「珍惜」、學會「滿足」

★只要懂得「愛自己」就能產生安心感。
★感受生活中的幸福，就能夠「愛自己」。
★被周遭的人所愛很重要。

愛自己的人能常保好心情

每天要有好心情，最大的重點在於「愛自己」，這個想法能讓人產生「現在的自己最好」的安心感，不會過度擔心未來或感到不安。同時，「愛自己」還能讓人有「想讓自己更加成長」的積極感。那麼，該怎麼做才能愛自己呢？**要愛自己必須**

先感覺到「現在很滿足」，試著在日常中找到「滿足」和「幸福」吧！

起床時想著：「昨晚也睡得很熟，好幸福。」；吃飯時想著：「好好吃，真幸福。」；閱讀時想著：「真好看。度過了一段充實的時光。」**無論多微小的事都無妨**。透過這些微小的累積，就能持續產生滿足感，感受到「自己是幸福的」。不過，要小心別過度自戀，深信「自己才是對的」、「我很有能力」，這些反而會化為對旁人的怨恨和不滿。

營造良好的人際關係很重要

為了愛自己，另一個重要因素是人際關係。要是對別人有憤怒、嫉妒、怨恨的情緒，每天都會不愉快，這樣一來，是不可能愛自己的。如果能確實感受到周遭的愛，得到他們的正面評價和認同，就會萌生自信，進而能夠愛自己。

要營造良好的人際關係，用善意待人是最好的，我在五十一頁曾提到人際關係中的「情緒反彈」法則，**對別人抱持善意，別人也會以善意回報**。建立愉快的人際關係，就能漸漸喜歡上自己，進而成為「好心情一族」。

用心去體會當下的「滿足感」。

懂得愛自己，就能天天開心

❶用心體會「滿足感」

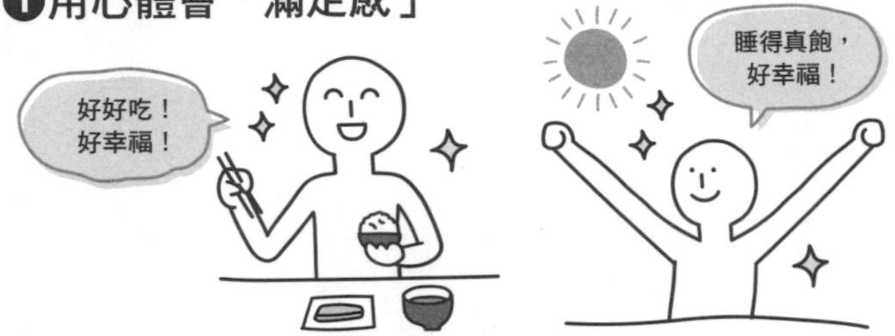

＋

❷感受周遭的愛

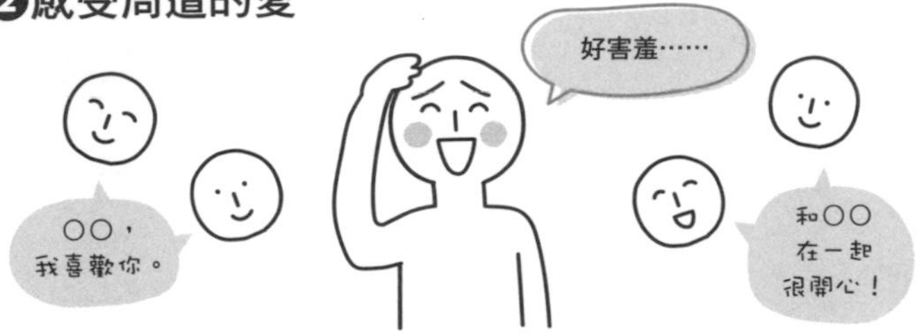

＝

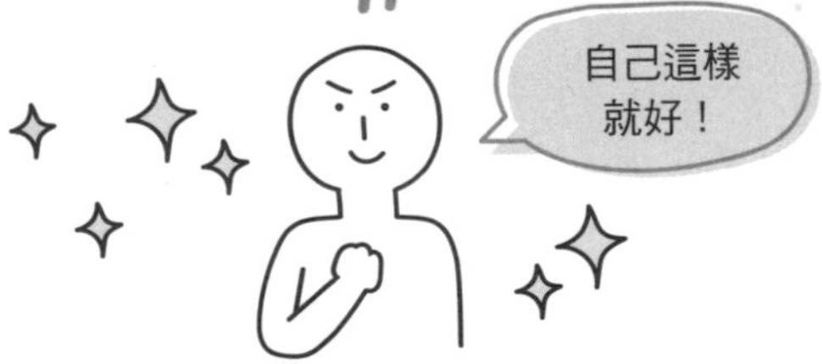

產生「愛自己」的感受，
常保好心情。

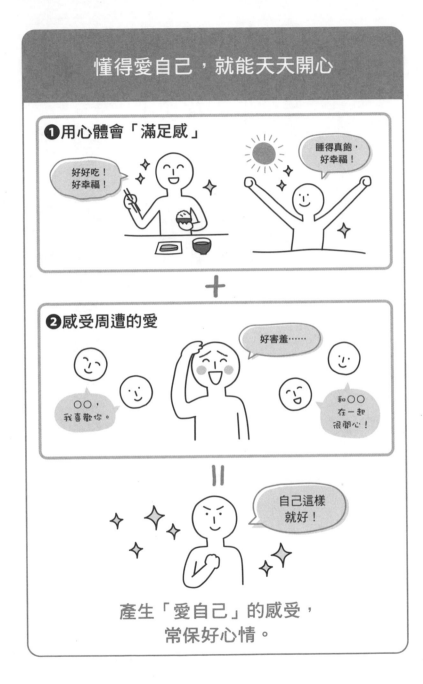

6

誇獎自己，就是最好的情緒魔法

★人受到肯定時，很容易信以為真。

★誇獎自己，心情就會變好。

★無論結果如何，先誇獎自己。

光是誇獎自己，心情就會變好

美國心理學家巴納姆．佛瑞（Bertram Forer）曾經做過一個心理實驗，首先，他讓自己的學生們做心理測驗，藉此分析他們的個性，然後把分析結果做成報告書，交給每一位學生。其實，那些報告都是假的，因為每位學生拿到的內容都是一樣的，儘管如此，還是有七到八成的學生覺得很準。

之所以會如此是因為這份報告是知名心理學家做的，再加上又是以心理測驗為基礎，所以讓學生們產生了信賴感，不過最大的原因是「性格分析的結果都是正面而且肯定的」。

當人們得到「你擁有克服困難的能力」、「你擁有獨創性」等正面肯定時，往往會信以為真，這種現象就被稱為佛瑞效應（Forer effect），或借用能猜中觀眾性格的表演者巴納姆之名，稱為巴納姆效應（Barnum effect）。

把這個心理現象拿來應用在情緒上也很簡單，只要誇獎並激勵自己即可。假設你正在準備考試，那就誇獎自己：「我今天也超認真地唸了一整天的書，都這麼努力唸書了，一定考得上！明天也繼續加油吧！」；如果你想成為有錢人，就誇獎自己：「因為今天自己下廚，所以花不到五百圓，能從省錢中得到樂趣，一定可以成為有錢人！」

無論結果如何，先誇獎自己

假設現在你只有一個小時可以完成工作，但不小心超過五分鐘了，如果是情緒不好的人，即使只超過五分鐘，還是會認為自己做得不夠好；然而，情緒好的人會先誇獎並鼓勵自己「雖然稍微超時了，但我還是完成了這麼多，已經很厲害了。」

懂得誇獎自己的人，會保持好心情投入下一件工作，所以容易再次交出好成果。**無論結果好壞，先誇獎自己很重要**，光是養成鼓勵自己的習慣，就能讓情緒變得正面積極。

別忘了每天誇獎、鼓勵自己！

養成每天誇獎自己的習慣，天天有好心情

▶人被誇獎時容易信以為真

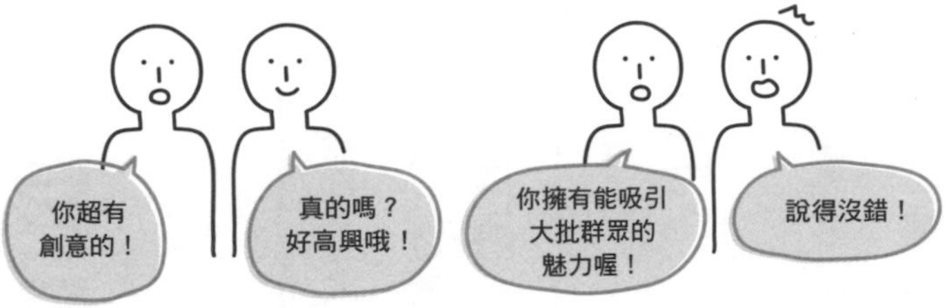

▶養成誇獎自己的習慣

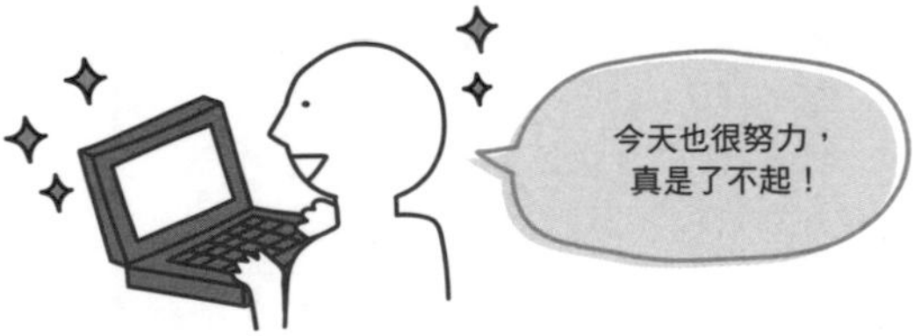

▶常保好心情

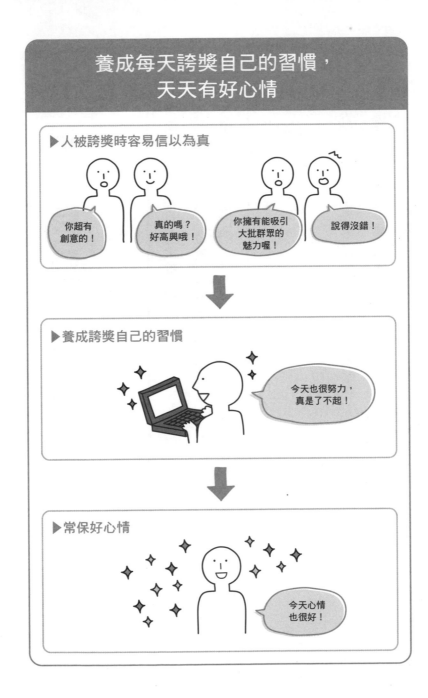

7

相信自己的人才有夢想

★所有的事情都是風水輪流轉。
★相信自己的人，才能朝夢想和目標努力。
★單純地相信自己吧。

要「相信自己」

直到昨天都還過著富裕生活的人，到了今天卻突然面臨破產，相反地，也有人原本過著有一餐沒一餐的生活，卻突然受到大眾矚目。暢銷小說《哈利波特》的作者 J.K. 羅琳曾有一段貧窮的過去，身為一名單親媽媽，她一邊領著社會福利補助，一邊寫小說，當時在她周圍的人，大概沒人相信她會成為世界級的暢銷作家吧！

當我對別人說「你或許也會變成有錢人」、「你會找到很棒的伴侶」時，他們經常苦笑著否定：「和田醫師說話還真是隨性啊！」，但**我認為「相信自己身上會發生奇蹟」很重要**。令我尊敬或憧憬的對象，都是相信自己的人，唯有相信自己的人，能夠朝著夢想和目標努力。只要相信自己，即使遇到低潮期，也一定能夠克服，不會在逆境來時感到焦急，能夠掌控自己的情緒。

當個傻瓜就能有好心情？

相信自己身上會發生奇蹟的人，也相信自己內心對成長的渴望。每個人都渴望成長，但是，隨著年齡增長，自暴自棄的心情會變得強烈，會覺得「現在才開始新挑戰也沒用」。

但這並不是放棄成長，只是不相信自己，懶得採取行動的藉口而已。那麼，要怎麼做才能相信自己？直截了當地說，就是保持天真，更簡單地說就是「當個傻瓜」。**當個相信自己的傻瓜，迷惘和不安將會消失**，捨棄虛榮和高傲，向各行各業的人請教，積極採取行動，結果就會如預期中順利，而且還能保持好心情。

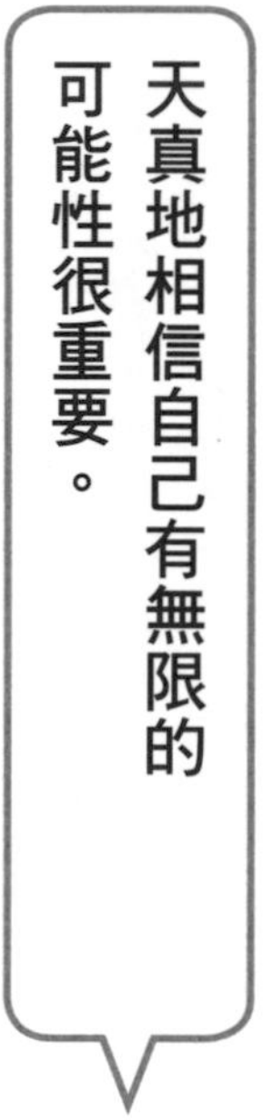
天真地相信自己有無限的可能性很重要。

只要相信自己，任何狀況都能克服

①單純地相信自己

雖然我現在沒錢，
但之後一定會有錢！

②朝著夢想和目標努力

請問這是
〇〇嗎？
對。
老師

③一切順心，就有好心情

笑容燦爛
果然好順利！

馬上做！
保證不情緒化的
8 大思考法

8

人生的重心要多樣化

★如果支撐自己的心靈支柱只有一項，情緒上容易不安定。
★支柱無論是什麼都可以。
★擁有自己擅長的領域也很重要。

會敗給挫折與不敗給挫折的人

東大畢業的社會精英自殺事件——每當發生這種事，媒體很常解讀成「因為小時候一路順遂，所以一遇到挫折就受不了」。但我卻不這麼想，因為我身邊也有許多經歷相同挫折的人，但他們並沒有發生那樣的悲劇。**那些無法跨越挫折的人是因**

為**「只有一根心靈支柱」**，所以不管以什麼作為支柱都無妨，可以是自己熱衷的興趣、和家人之間的連結、志工活動或副業。

舉個例子，被霸凌的孩子若是有「轉學就好了」、「在補習班唸書就好了」的想法，就不會心理壓力那麼大。苦惱著如何與媽媽友①集團來往的人，若能換個方向想「只要跟自家人好好相處即可」，就不會對「被集團孤立」感到不安。

如果有好幾根心靈支柱，就算其中一根倒了也還有其他慰藉，心理上能夠游刃有餘。我自己也是抱著「當不了醫生的話還能當作家，再不然也可以拍電影②」的想法，才能不被不安的情緒擺布。

「擁有擅長的領域」也很重要

關於找出心靈支柱這件事，「擁有擅長領域」也是個重點，心理學家阿德勒（Alfred Adler）說：「有了成功經驗之後，就會覺得自己或許也能在其他領域獲勝。」所以即使是小事也沒關係，只要有成功的經驗之後，就能抱持自信，找出自己擅長的領域就變得格外重要。

在擅長的領域盡情地發揮實力，能令人產生安心感。如果不擅長跑業務就擔任企劃，如果不擅長企劃，就負責做簡報，即使在其他領域失敗了，還是可以抱著「沒關係，我還有擅長的領域」，避免自己陷入負面情緒中。

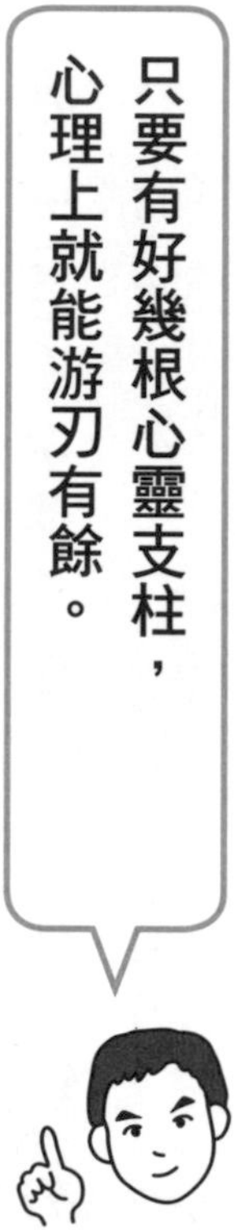
只要有好幾根心靈支柱，心理上就能游刃有餘。

①媽媽友：由有孩子的媽媽們所組成的集團。
②本書作者另有電影導演身份。

心靈支柱能維持精神狀態安定

我有好幾根支柱，
所以不要緊。
工作
家庭
嗜好
志工活動

有好幾根支柱的人

只有一根支柱，
要是倒了怎麼辦？
工作

只有一根支柱的人

情緒整理的練習題②

第 1 題 你為什麼會對別人的言行過度敏感？

A 因為社會上沒常識的人越來越多了

B 因為自己的個性有偏差

第 2 題 為了保持好心情，要怎麼設定目標？

A 達成 80%就好

B 每次都要達成 100%

答案

第1題 B（→ 68 頁）
第2題 A（→ 72 頁）

第 3 題　如何能夠有效讓心情保持愉悅？

A 用處罰給自己壓力

B 事先準備好令人開心的犒賞

第 4 題　為了愛自己，哪一項是不可或缺的？

A 平時就用心體會「幸福」和「滿足感」

B 每天花 10 分鐘以上照鏡子

答案
第 3 題　B　（→ 80 頁）
第 4 題　A　（→ 84 頁）

第 5 題 哪個習慣能讓情緒變得正面？

A 無論結果如何，都要先誇獎、激勵自己

B 只有順利時才誇獎自己「做得好」

第 6 題 為了讓心情游刃有餘，哪一項是不可或缺的？

A 擁有好幾根支柱

B 只專注在一件事情上

答案
第 5 題 A （→ 88 頁）
第 6 題 A （→ 96 頁）

第 3 章

絕對不要做！讓人壓力大的7大行為

不說別人的壞話！
那男的有夠醜！

不要太親近，
也不要太疏遠。

POINT 5

不要希望每個人都要理解自己

不說出口，
對方就永遠不會理解，
「希望別人主動察覺」
是天真的想法。

➡ 122 頁

POINT 6

別太在意輸贏

太在意輸贏真的很辛苦，
只會讓心情起起伏伏。

➡ 126 頁

POINT 7

和別人保持適當距離

與人來往時保持適度距離，
不親近也不疏遠，
才能擁有良好的人際關係。

➡ 130 頁

避免累積壓力與負面情緒的

7 大重點

只要做了這 7 件事，很可能會招來壞心情。
果斷地戒掉這些習慣吧！

POINT 1

不說「說了也沒用」的話

嫉妒或怨恨的發言，只會讓自己更吃虧，冷靜下來並自我克制吧！

➡ 106 頁

POINT 2

不加入說壞話或八卦的行列

為了保護自己不被他人的負面情緒影響，不說壞話或八卦才是最聰明的做法。

➡ 110 頁

POINT 3

不在社群媒體上回應所有人

有限度地使用社群媒體，就不必擔心心情被影響。

➡ 114 頁

POINT 4

不要任何事都一個人承擔

坦誠向身旁的人求助，就會得到好結果。

➡ 118 頁

1

不把「嫉妒」或「怨恨」說出口

★表現出喜怒哀樂是OK的。
★把負面情緒說出口，只會讓別人覺得可悲。
★試著想像「如果說出忌妒或怨恨的話會發生什麼事」。

把「嫉妒」和「怨恨」說出口只是自己吃虧

為了避免累積太多內在壓力，適時表現出喜怒哀樂很重要，如果只是單純表現出「開心」或「悲傷」等情緒，並不會有什麼問題。即使因為一時得意而不小心嬉鬧過頭，只要向旁人道歉就好；吐露悲傷的心情，也有助於整理情緒。

我希望大家注意的是不要表現出對特定對象的嫉妒或怨恨，只要是人都會嫉妒和怨恨，但是，當你有這樣的情緒時，請千萬不要說出口，因為**這種情緒就算說出口也於事無補，所以要自我克制**。假設你同期的同事成功接到大筆訂單，瞬間受到公司器重，但是你卻不以為然，試著將這些這些負面情緒藏在心裡。

「他八成花了加倍的應酬費！」

「他上個月的業績明明不怎麼樣！」

但是，如果真的把嫉妒說出口，結果會如何呢？旁人應該會對你貼上「眼紅的可悲者」標籤，最後吃虧的只有自己而已。

產生嫉妒或怨恨時該怎麼做？

感到嫉妒或怨恨時，請你暫時冷靜下來，花點時間想像「把這些情緒說出口會如何」。看到別人說出怨恨或嫉妒的發言時，你有什麼感覺？應該會覺得「好醜陋」、「不想像他一樣」吧！

轉換立場想像一下，就知道如果自己表現出嫉妒或怨恨等負面情緒，將會招來別人的白眼。**嫉妒或恨意太露骨反而很可悲**——只要有這樣的自覺，就不會想要說出口了。

在表現出嫉妒或恨意之前，先想像一下結果。

就算感到嫉妒或怨恨，也不可以說出口

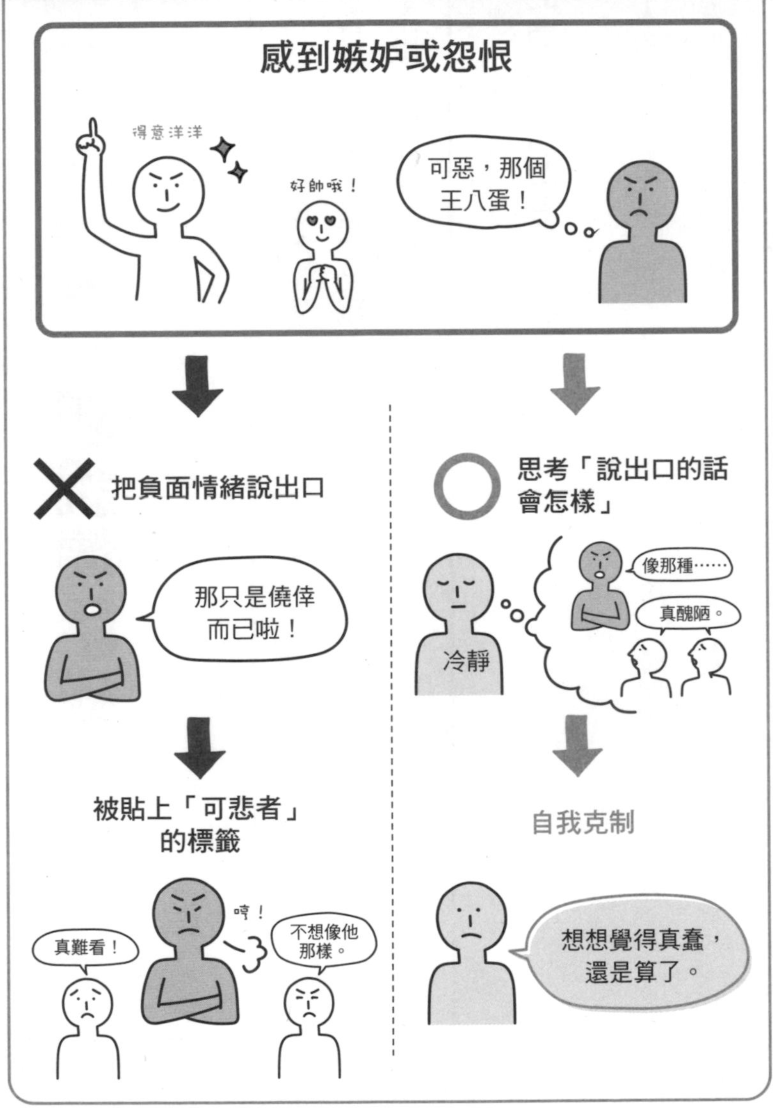

2 不跟別人一起說壞話或八卦

★情緒會互相傳染和影響。
★負面情緒的影響力特別強。
★默默離開說壞話或八卦的現場。

人的負面情緒容易傳染

人的情緒是會傳染的，就像一早到公司上班，發現同事一反常態地心情很好，便好奇他是不是遇到什麼好事，自己的心情也不自覺地變得開朗。

相反地，如果看到同事繃緊神經，明顯表現出不愉快，連自己都跟著煩躁起來。負面情緒比正面情緒更強大，原本心情不錯的人，也會因為接觸到不開心的人，馬上就被對方影響。

只要職場中有一個人心情不好，很容易就會影響到其他人，遇到講壞話或八卦的現場，特別容易傳染到負面情緒，讓自己也對被中傷的人或八卦主角產生不愉快的情緒，即使不認識對方，還是會對對方留下壞印象。

不要認真回應壞話和八卦

為了保護自己不被對方的負面情緒影響，最簡單的方法就是無論聽到什麼都不要理會。首先，盡量不要加入說壞話或八卦的行列，假如偶然在場，也要默默地離開現場。

就算被人硬拉著加入話題，也不可以做出「你為什麼這麼想？」、「真的嗎？」之類的回應，認真回應對方只是讓自己心情不好而已，遇到這種情況，只要用「是哦」或「我不清楚」輕輕帶過就好。最糟的是自己主動找人一起說壞話或八卦，這樣做只會失去別人對你的信任，往後只會被旁人白眼。

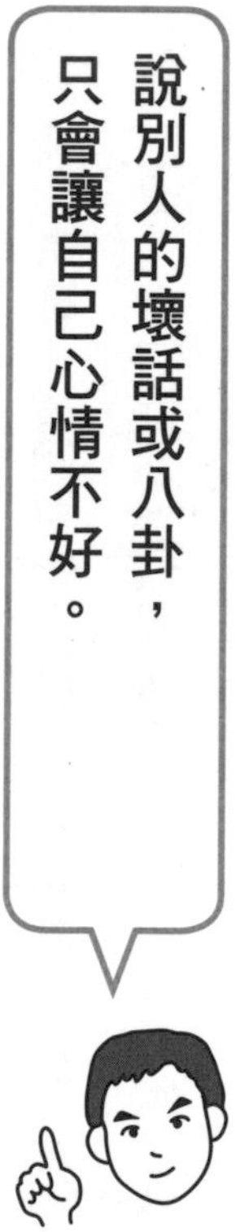
說別人的壞話或八卦，
只會讓自己心情不好。

不要跟別人一起說壞話或八卦

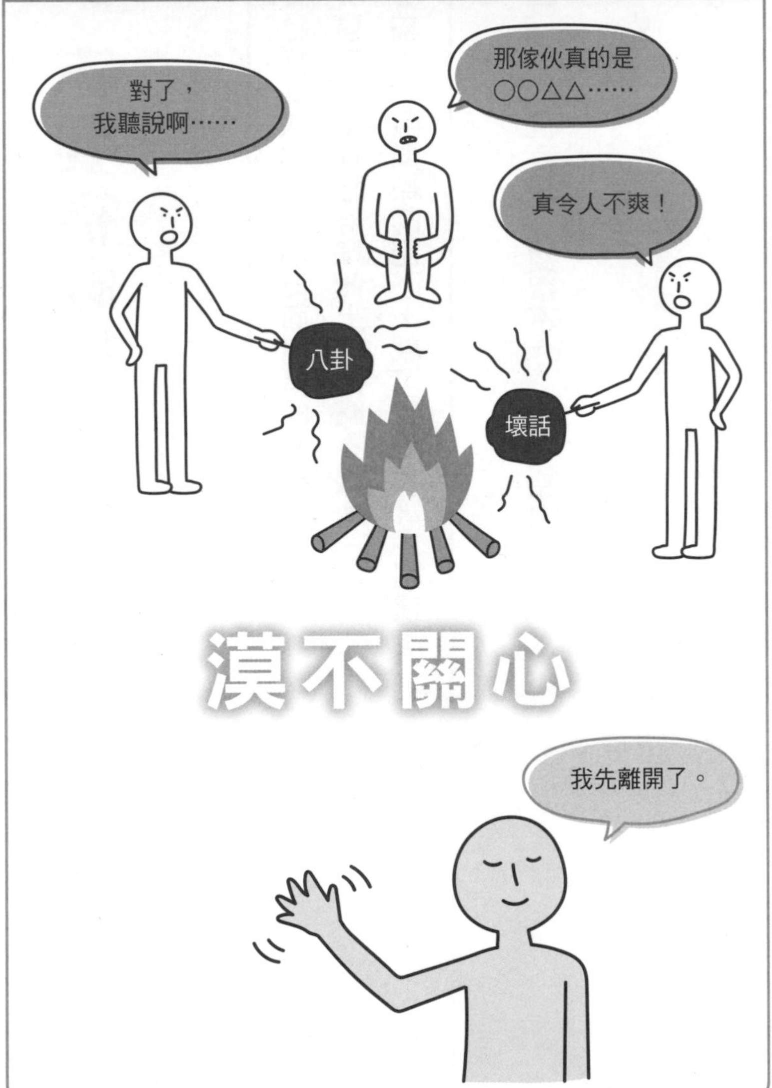

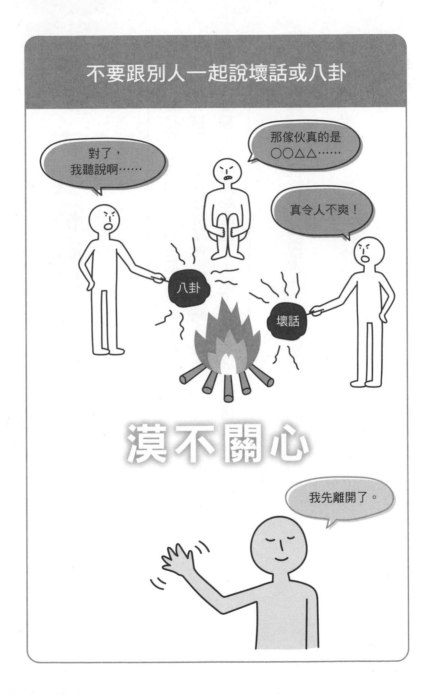

絕對不要做！
讓人壓力大的
7大行為

3

不要被社群媒體綁架

★社群媒體容易成為負面情緒的源頭。
★事先訂下在社群媒體上的回應界線。
★縮小人際關係的圈子，就可以避免許多困擾。

重度使用社群媒體會不開心的原因

臉書、LINE和推特等社群媒體，是造成現代人情緒不佳的一大原因。在臉書上張貼近況，得到很多「讚」就覺得自己受到認同而開心，同時，也為了增加按讚數，花費很多心思。

自戀需求不被滿足的人，很可能會為了得到按讚數而沉迷臉書，甚至荒廢工作，此外，得到很多「讚」之後，自己也必須在很多地方按讚來作為回報。**如果滿腦子老是掛念著這些虛擬世界，心理上的負擔會讓你越來越煩躁**，比起在虛擬世界中得到的「讚」，不如在現實生活中做出成果並得到認同還比較實際。

只回應一部分的人即可

我偶爾會使用臉書，但會提醒自己適可而止；至於 LINE，因為很容易造成自己和他人的壓力，所以我完全不碰。不過，現代人的生活、工作和人際關係上有很多不得不用社群媒體的情況。

既然如此，我建議大家事先訂下回覆的界線與原則，像是**只回應一部分交情好的人，其他的就放著不管**。就算別人要求你回應，只要說「最近很忙，都沒空和大家聯絡」大部分的人應該都能體諒，如果還是有些人會死纏爛打，那麼一開始就不要跟他太親近。社群媒體不是增加朋友的工具，而是縮小朋友圈的工具，抱著這樣的態度，就能避免絕大多數的負面情緒。

現實生活比虛擬世界更重要。

使用社群媒體的界限與原則

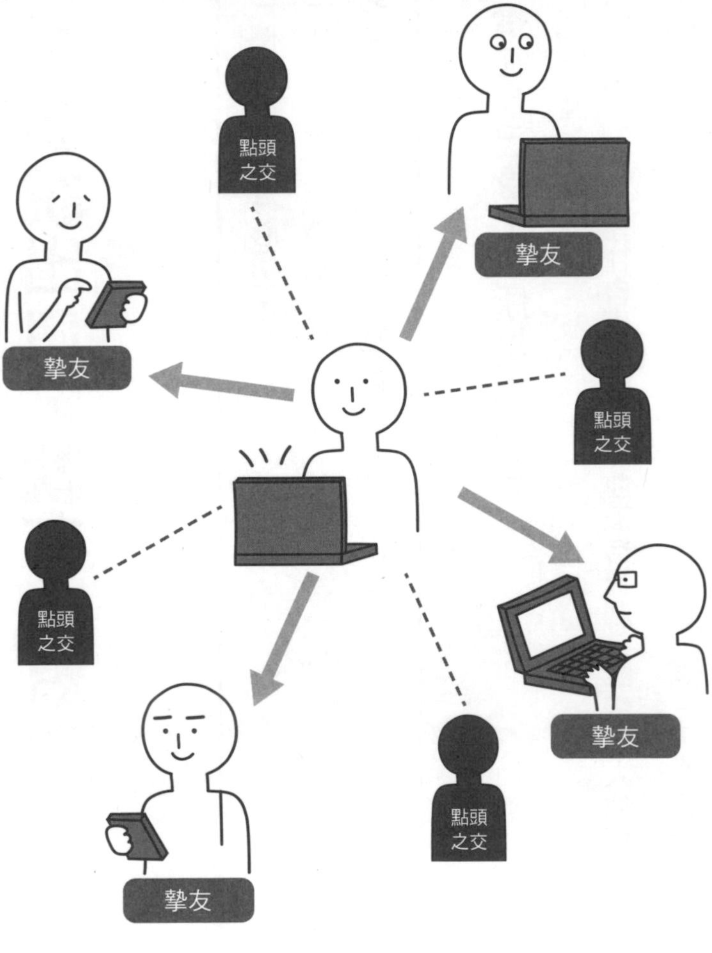

縮小朋友圈，
就不會被社群媒體制約。

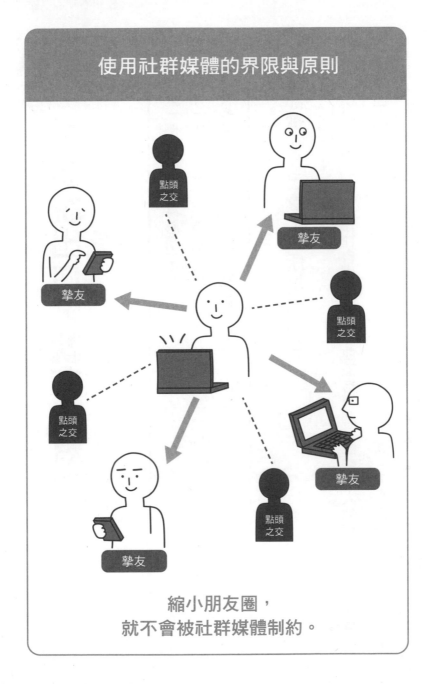

絕對不要做！讓人壓力大的7大行為

4 只要說出口，就有人幫你

★一個人承擔容易心情不好。
★一個人能承受的範圍有限。
★多依賴周遭的人，壓力就會減輕。

全部攬在自己身上，所以很痛苦

容易不開心的人往往會東想西想，並擅自猜測、解讀別人的想法，結果便是一個人苦惱。上班族C先生就是個典型的例子，他是一名三十多歲的主管，很受二十幾歲員工的愛戴，但是他卻為了如何分配工作而獨自苦惱。

「如果拜託她做這項工作，她會反彈吧！」

「對新人來說，這個工作交給他好像還太早了。」

煩惱之後，最後C先生還是自己一個人挑起那些工作。

「我為什麼每天都這麼忙？可是，我不想因為強迫大家接下工作而被討厭，而且沒做出成果的話還得負起責任……」

C先生每天飽受壓力過得非常不愉快，其實他只是一個人在瞎忙，他並不知道部下真正的心聲，而且不讓部下嘗試，就永遠不知道他們的能力。

提起勇氣拜託別人很重要

C先生的部下若是接到工作，真的會做不好嗎？說不定他們是因為C先生的孤軍奮戰，所以沒有機會參與，如果C先生開口請部下幫忙並對他們說：「把這項工作交給你，是為了讓你成長。」這類充滿期待的話，部下們就會積極地投入工作。

C先生把自己的工作分配給部下之後，不但自己變得輕鬆，整個團隊一起做出成果的團體意識也會跟著提高。**無論工作或是煩惱，一個人能夠承擔的範圍都是有限的。**凡事想著自己一個人解決，就會產生很大的壓力，與其如此，不如拜託身邊的人，比較能得到好結果。**別再逞強，向周遭的人求助吧！**仰賴別人不但能拓展人脈，也有助於讓自己成長。

只要開口求救，
事情就有辦法解決。

試著多依賴旁人，不但心情更輕鬆，還能有好結果

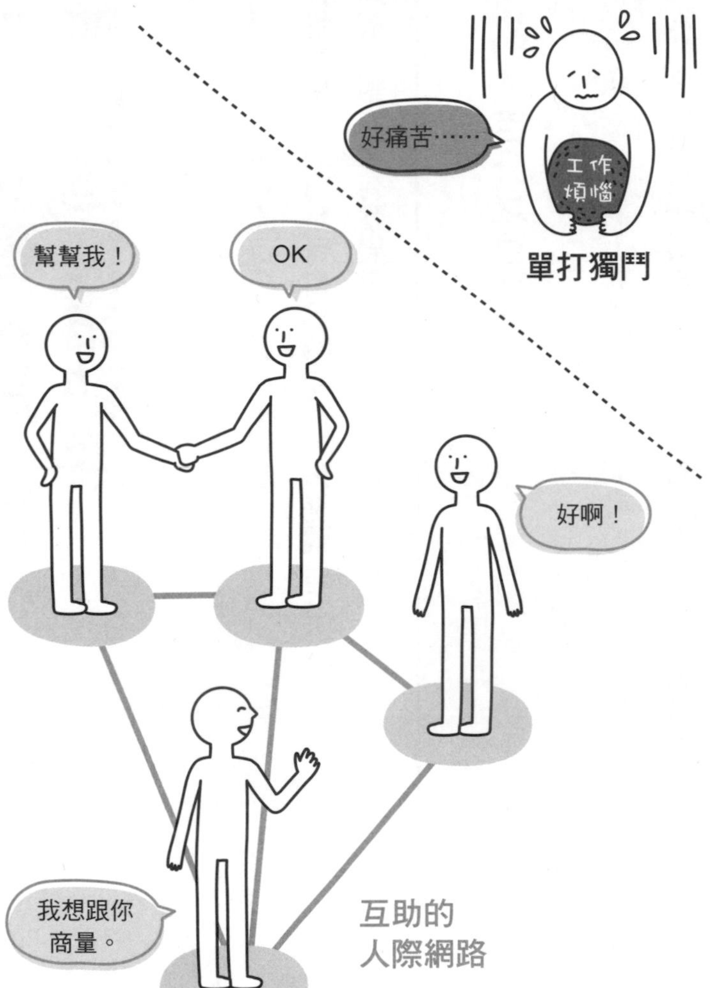

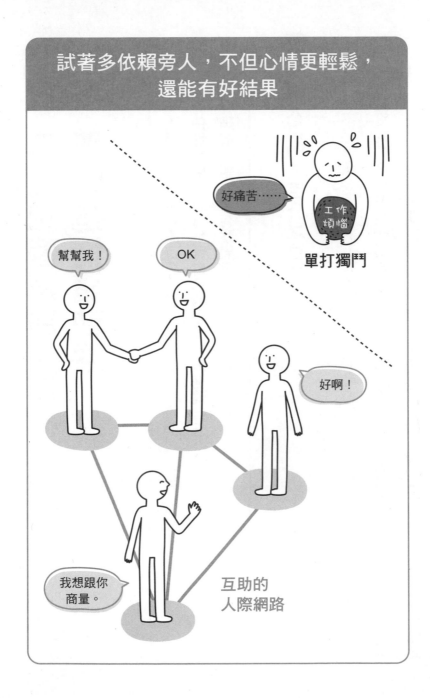

5

不要想著讓別人懂你，那就是情緒勒索

★人們本來就不可能百分之百互相理解。
★任性地要求對方察覺自己的心情，只是讓自己不愉快。
★理解「對方沒有察覺是理所當然」會輕鬆許多。

別人真的能百分之百理解你嗎？

不必言語表達，對方就會察覺自己的心情——人家常說這是日本人的美德，但這是真的嗎？以下是一對長年一起生活的夫妻案例，辛苦工作了一天，晚上回到家的丈夫一臉凝重，他白天在公司被上司痛罵了一頓，明明沒有過失卻被冤枉，即使回家喝了啤酒，怨氣還是無法平復。然而，太太卻沒有察覺丈夫的表情不對，只是悠閒地看著綜藝節目並捧腹大笑，這時一肚子火的丈夫終於忍不住對太太發火：

「喂，妳要看這種無聊的節目看到什麼時候！」

莫名其妙挨罵的太太也情緒化地回應，最後演變成夫妻吵架。這種情況其實是丈夫的不對，「當我不高興時，做太太的應該要察覺我的心情啊，主動溫柔地關心我才對！」他抱著這樣的想法，期待太太有所回應，**這就是丈夫單方面的任性**。

拋棄「希望對方理解」的天真想法

人與人之間有著一道高牆，即使是親子、兄弟姊妹或感情很好的夫妻，也不可能百分之百理解對方的心情，無論關係多親密，每個人的想法還是不一樣。

人之所以有「希望對方察覺」的想法，是因為自己平時就會留意別人的想法，「我總是留心對方的想法，那為什麼對方沒有察覺我的心情呢？」因而心情不好。

但是，人的心情本來就是不說出口便無法理解，要求別人主動理解這件事本身就沒道理。所以，打從一開始就不應該期待對方會主動察覺，抱著「對方不能理解是理所當然」的想法，並且放棄「希望對方了解」的任性要求，心情就會輕鬆許多。

情緒不說出口就無法被理解。

放棄「希望對方理解」的任性想法，心情就會愉悅

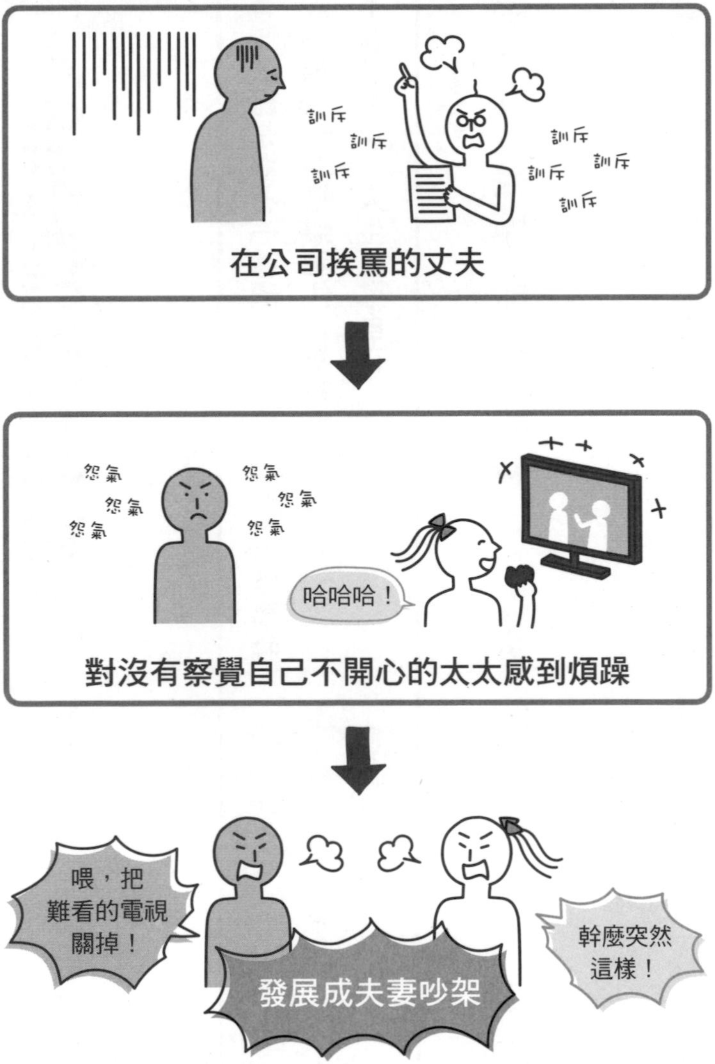
訓斥
訓斥
訓斥
訓斥
訓斥
訓斥
訓斥
在公司挨罵的丈夫
怨氣
怨氣
怨氣
怨氣
怨氣
怨氣
哈哈哈！
對沒有察覺自己不開心的太太感到煩躁
喂，把難看的電視關掉！
發展成夫妻吵架
幹麼突然這樣！

絕對不要做！
讓人壓力大的
7大行為

6

人生不是只有輸和贏

★有些人總是戴著「輸贏」的有色眼鏡來看待事物。
★被「輸贏」的框架困住，就會產生不滿。
★不在意輸贏，人生輕鬆自在。

就是因為在意輸贏，所以不開心

社會上只會用「輸贏」來看待所有事物，例如我們常說「勝利組」和「失敗組」，這就是把人分成贏家和輸家所衍生出來的用法，出發點是典型的「輸贏思考模式」。要是被「一部上市①公司的員工是勝利組，中小企業員工是失敗組」的框架束縛住，中小企業的員工就會悲觀地認為自己是失敗組而感到不滿；而勝利組也會因為想要一直保持勝利而飽受壓力。但是，如果中小企業的員工認為「是不是在大企業工作根本無所謂，只要工作充實就好」，便不會認為自己是失敗組，當然也就不會因為自卑而感到不悅。

這麼一想，讓人不愉快的原因其實就是「用輸贏來判定原本和輸贏無關的事物」。看到和自己同齡的人很活躍而且變得有名，就單方面感到挫敗；光是聽到同學最近要結婚的消息，就被敗北感擊潰。

以上這些例子，都**只是自己被輸贏的框架限制住，單方面認為自己輸了，才會感到不愉快**。刻意讓自己不愉快，到底有什麼樂趣呢？

幸福與否自己決定

幸福與否，本來就是自己決定，和社會大眾所認為的輸贏標準完全無關，不要再用輸贏來判定自己的立場和行為了，在意那些無意義的輸贏標準，還讓心情起起伏伏，根本沒必要。

除了必須在意輸贏的考試或是升遷之外，遇到這種情況，就堂堂正正地參與競爭吧！但是，就算失敗了一次，也不代表整個人生都遭到否定，只要擺脫沒有意義的勝負欲，就能夠擺脫負面情緒。

幸福與否，
每個人都有自己的一套標準。

①一部上市公司：東京證券交易所的上市股票分為市場一部和市場二部，股票在市場一部上市的企業即為「一部上市公司」，通常是較穩定的大型公司。

被輸贏的框架束縛，就註定擺脫不了負面情緒

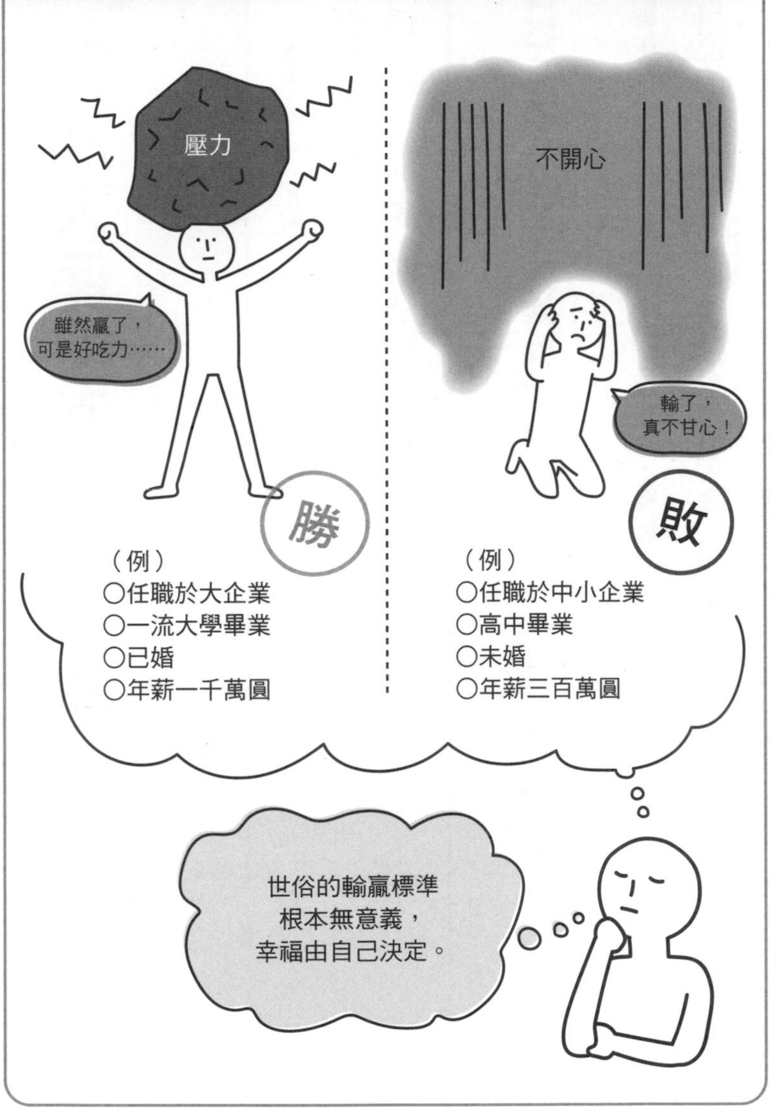

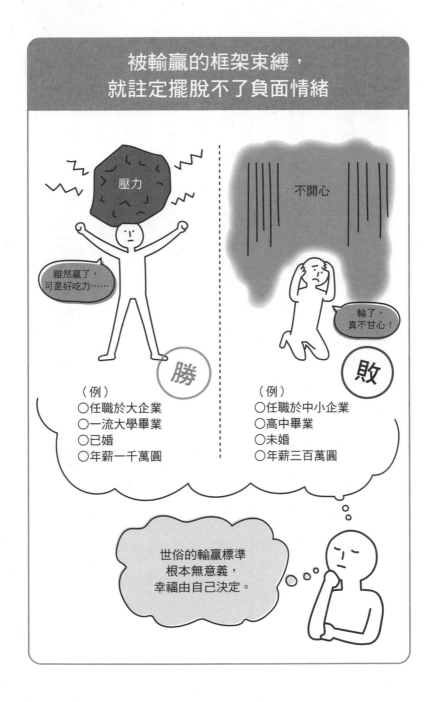

7

和別人保持適當的距離

★「距離感」能營造良好的人際關係。
★即使交情很好，也不可以太親近。
★偶爾和好久不見的對象聯繫。

「偶爾見面」才能維持好交情

每年和求學時期熟識的朋友見面、敘舊，是很愉快的事。到了年底，去平日很照顧自己的人家裡拜訪，聽對方說幾句窩心的話，也是人生中的寶貴經驗。四十歲以後，偶然和二十幾歲時一起共事的人碰面，聚在一起暢談往事，也是一大樂事。

我們之所以會期待和很少見面的人相聚，是因為時間和距離會讓人產生懷念的感覺，**「距離感」是讓人際關係保持良好的一大要素**。無論多麼要好的朋友，要是每天晚上都睡在一起，就很容易看到對方身上的缺點而產生爭執。

所以**適時地保持距離，就能維持愉快的關係**，就算曾經一度產生不愉快，透過時間和空間的距離，讓心情恢復平靜。「距離感」能夠保護自己在人際關係中保持好心情。

重點就是不親近也不疏遠

愉快的人際關係，就是與人保持適當的距離，**不要只因為彼此合得來就每天膩在一起**，之所以會在職場上跟同個對象聊著相同的話題，是因為在同個環境待太久的關係。

改掉加班的習慣，早點回家和家人談天，或是參加研究會、上才藝班來締結新的人際關係，便有助於和職場同事保持適當距離。對於好久不見的對象，不妨在季節變換時寫張明信片或簡訊貼心問候，因為和偶爾見面的對象一起度過的時光是很美好的。豪豬為了和同類一起生存下去，會保持不親近又不疏遠的距離感，這個法則也適用於人類。

距離感是良好人際關係的關鍵。

人際關係的重點在於適度的距離感
朋友關係
一年沒見了！
你好嗎？
公司同事
辛苦了！
我先下班了！
家人關係
今天和爺爺奶奶一起吃飯吧！
曾關照自己的人
偶爾寫信給他吧！

情緒整理的練習題❸

第1題 產生嫉妒或怨恨等負面情緒時，該怎麼做？

A 馬上說出口

B 先思考說出來會怎麼樣，試著自我克制

第2題 當身旁的人正在說壞話時，該怎麼辦？

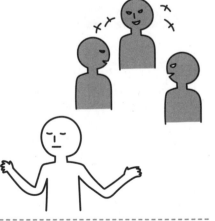

A 默默離開現場

B 加入說壞話的行列

答案 第1題 B（→106頁） 第2題 A（→110頁）

第 3 題　要如何使用社群媒體？

A 努力回覆所有人

B 只回覆一部分交情好的人

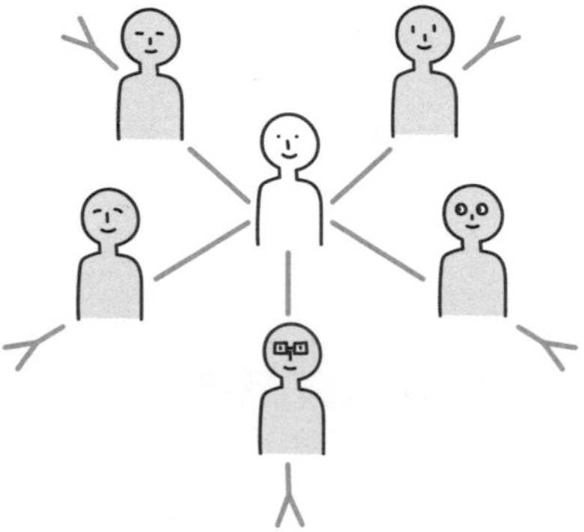

第 4 題　當對方無法理解自己時，該如何應對？

A 表現在態度上，刻意讓對方察覺

B 用言語傳達，讓對方了解

答案　第3題　B　（→114頁）　第4題　B　（→122頁）

第 5 題　哪種想法可以擺脫勝負心？

A 幸福與否自己決定

B 努力成為勝利組

第 6 題　擅長與人來往的祕訣是？

A 和合得來的對象
保持適當距離

B 和合得來的對象
每天膩在一起

答案　第 5 題　A（→ 126 頁）　第 6 題　A（→ 130 頁）

第 4 章

每天
都有好心情的
9 大方法

先從簡單的方法
開始吧！

POINT 5

充分休息

疲勞時的心情很差，
所以要充分休息，
讓身體維持在最佳狀態。

➡ 156 頁

ZZZ…

POINT 6

利用早晨整理自我情緒

透過早晨時光來影響一天，
就把今天變成美好的一天吧！

➡ 160 頁

POINT 7

找方法轉換心情

要忘記不好的回憶，
最好的方法就是做些別的事分散注意力，先找出一些可以轉換心情的方法吧！

➡ 164 頁

POINT 8

試著來點新挑戰

不死守往例，試著挑戰新事物，
行不通時放棄就好。

➡ 168 頁

POINT 9

模仿心情好的人

只要模仿心情好的人，
就能讓自己心情也跟著好起來，
還能帶來好運。

➡ 172 頁

每天，其實可以很開心的

9 大重點

不必急著一次嘗試所有的方法，一個一個慢慢試，
養成控制情緒的習慣。

POINT 1
只做自己「能改變的事」

把「可以改變」和「無法改變」的事分開思考，在可以改變的範圍內努力。

➡ 140 頁

POINT 2
隨時保持笑容

微笑是改變心情的最佳方法，最好從平時就習慣做笑容訓練。

➡ 144 頁

POINT 3
犯錯時要老實道歉

即使錯不在自己身上，還是先老實道歉。

➡ 148 頁

POINT 4
從喜歡的事開始做

從喜歡的事開始做，無論何時都有好心情而且超有效率。

➡ 152 頁

1 只做自己能做的

★把「可以改變」和「無法改變」的事分開。
★乾脆放棄「無法改變的事」。
★在可改變的範圍內調整自己的行為。

什麼事「可以改變」和「無法改變」？

為了不讓自己不開心，不要無謂地擔心或生氣很重要，首先必須明確地區分「可以改變」和「無法改變」的事。對於「可以改變」的事，就靠自己的行動來減少產生不愉快的可能；至於「無法改變的事」，就算再煩惱也於事無補，一直煩惱下去，只是讓心情更差而已。

心理療法的森田療法，其基本觀念是「**過去和他人無法被改變**」。以煩惱孩子都不用功唸書的媽媽為例，考試明明就近在眼前，孩子卻只會玩，媽媽每次看到孩子在玩都會發火，沒想到孩子反而更抗拒，情況一點也沒有改善。

但是，冷靜思考一下，想要讓孩子聽話根本就是不可能，因為媽媽抱著「必須改變孩子」的想法，所以才會看到孩子死性不改就憤怒，所以要從接受「孩子無法輕易改變」的這個事實開始。「雖然希望孩子考上好大學，但考不上的話也沒辦法，這是他自己的人生。」像這樣改變想法，心理負擔就會減輕，煩躁的情緒也會跟著平復。

專注在可以靠自己改變的事情上

試著轉換意識，從可以靠自己改變的事開始著手做，例如很反常地溫柔對孩子說話，孩子會發覺你和平時不同，或許行為上就會產生變化。另外，讓孩子看見媽媽開心閱讀的樣子，也是一個方法，說不定會讓孩子覺得「唸書好像很有趣」。從我身邊的案例來看，很會唸書的孩子，他們的父母多半也喜歡唸書，**只要從能做到的範圍內改變自己的行動，試著引起變化就夠了。**

煩惱「無法改變的事」也沒用。

把「可以改變」和「無法改變」的事分開思考

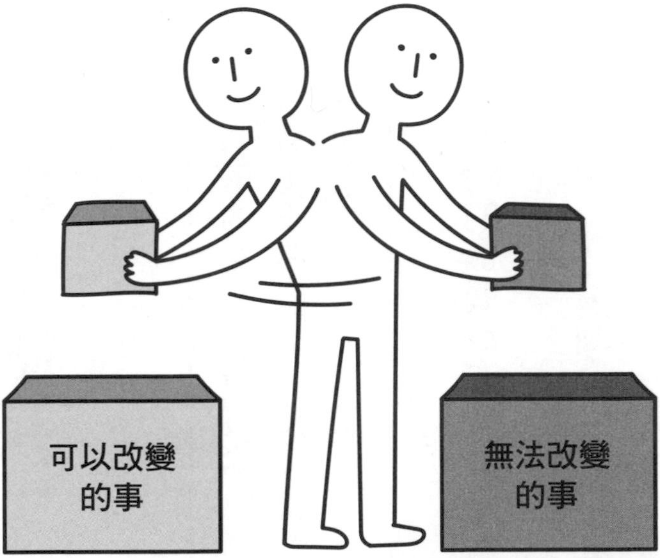

○委託同事協助工作的方法
○向上司打招呼的方式
○孩子的教養問題
○改善老公健康狀況
……etc.

○都不工作的同事
○囉唆的上司
○都不唸書的孩子
○有氣無力的老公
……etc.

先從可以改變的事開始做才最重要。

每天
都有好心情的
9大方法

2

有意識地「微笑」

★以笑容示人，對方的表情也會變得柔軟。
★面帶笑容不僅討人喜歡，還能保持好心情。
★去能讓自己開心的地方，自然就會露出笑容。

笑容是擁有好心情的最簡單方法

為了讓自己擁有好心情，最簡單而且最有效的方法，就是「露出笑容」。對煩躁的人露出笑容，就能讓對方的表情變得柔和，情緒也能穩定下來。精神科醫師便是一種有效活用笑容的職業，笑容不僅能夠營造良好的醫病關係，還能在遇到來者不善的病人時保護自己，能發揮很大的功效。

沒有人想靠近總是一臉怒氣或不悅的人，當別人離自己越來越遠時，心情就變得更差。相較之下，總是面帶笑容的人會很受歡迎，笑容是維持良好人際關係的特效藥。

想要常保笑容，就要先培養微笑的習慣，**盡可能地露出笑容，控制笑容的臉部肌肉就會變得發達，漸漸就會變成習慣**。這樣一來，就算不特別去注意，也會自然而然地面帶笑容，進而受到旁人喜愛，自己也開心。

試著做「笑容訓練」吧！

不擅長微笑的人，就面對著鏡子做「笑容訓練」吧！首先，拉動嘴巴附近的肌肉，露出微笑；接著，嘴裡咬著筷子，練習揚起嘴角並露出牙齒。此外，還要記得在露出笑容時開朗地向人打招呼，帶著笑容向人說聲早安，對方也會打起精神回應，讓彼此都有好心情，愉快地度過一整天。

即使如此還是很難保持笑容的話，就前往有許多人開心露出笑容的場合。人其實很不可思議，即使心情不好，只要周遭的人都顯得很愉快，就會被影響。當自己受到周圍影響而露出笑容時，心情就會逐漸愉快起來，在不知不覺中忘記了負面情緒，用笑容趕走壞心情，是讓自己擁有好心情的最短捷徑。

只要面帶笑容就能有好心情，就是這麼簡單。

想要擁有好心情，
「露出笑容」是最簡單有效的方法

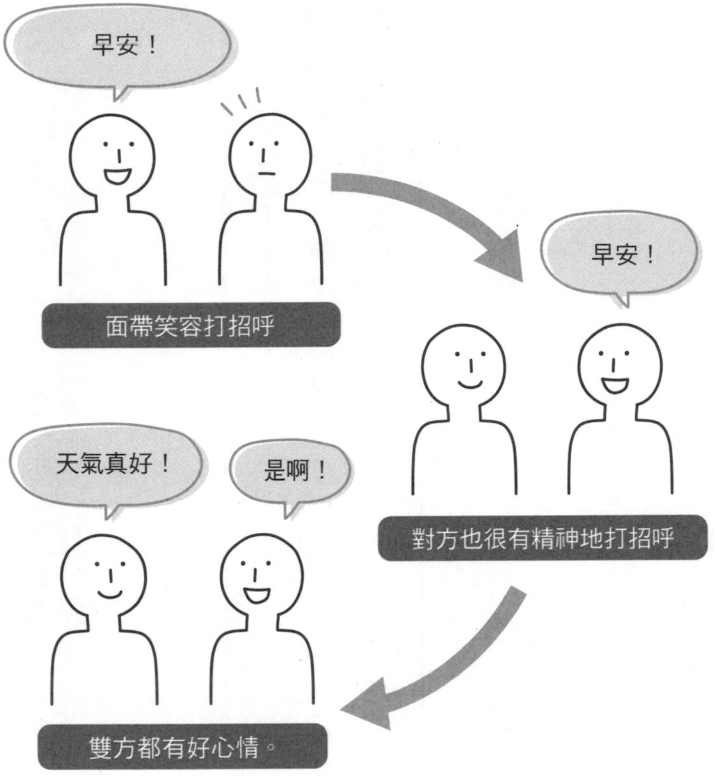

笑容訓練

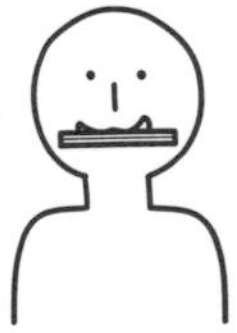

①咬著筷子

②揚起嘴角並維持 30 秒

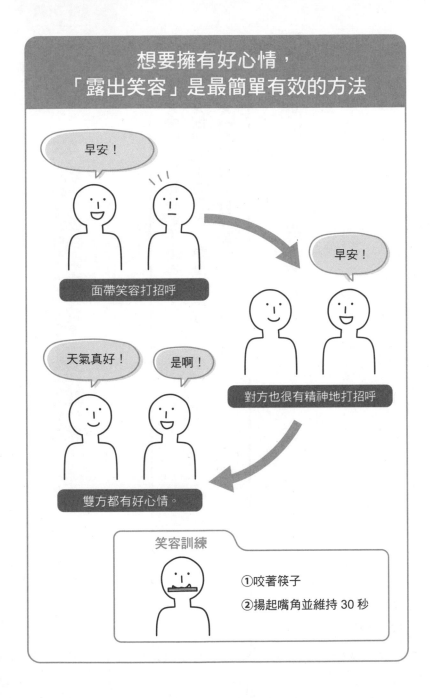

3

承認錯誤並老實道歉

★失敗或犯錯時要馬上道歉。
★即使錯不在自己，也是先道歉。
★「吃虧就是佔便宜」，爽快地道歉吧。

任何情況下，老實道歉最重要

每個人都會失敗或犯錯，所以如果覺得自己有過失，就老實地道歉吧！假設你和朋友約好要聚餐，結果你自己弄錯時間，讓朋友空等了半小時，這時你如果承認錯誤並老實道歉，朋友應該也會笑著原諒你才對。

比較麻煩的是，不確定是誰犯錯的情況時，有些人可能會認為自己沒弄錯，是朋友記錯時間，一抵達約定地點就口氣嚴厲地質問：

「記錯時間的人是你吧？我的記事本上寫的是半小時後啊。」

像這樣堅持自己沒有錯，固執地不道歉，當然會引來朋友的反彈。**就算錯不在自己身上，也要先道歉**，只要先道歉然後說「我記錯時間了」，就不會鬧得雙方都不開心。

不管過程，結果最重要

人會向長輩或地位比較高的人道歉，卻拉不下臉對晚輩或地位比較低的人道歉。尤其，隨著年齡增長，人會認為自己的知識和經驗比較豐富，越來越不願意認輸或承認失敗。我們有時會在路上或新聞上看到突然發怒的中高齡者，其背後就有著這樣的原因。

我建議大家學習大阪商人的處世哲學，他們抱持著「不管過程，只管最後有獲利就好」的柔軟姿態。只要最後結果是好的，大阪商人就會不惜向人低頭，他們總說「反正低頭又不花錢」，一副泰然自若的樣子。爽快地道歉，吃虧就是佔便宜，這就是讓人遠離壞心情的成熟智慧。

就算自己沒錯，還是先道歉。

先道歉就對了，這就是避免壞心情的成熟智慧

4

從喜歡的事開始做

★從討厭的事開始做，會提不起勁。
★從喜歡的事開始做，會比平常更努力。
★從喜歡或擅長的事開始做，比較沒壓力。

先吃喜歡的食物還是討厭的食物？

為了改掉孩子偏食的毛病，就是讓他們先從討厭的食物開始吃，這種方法是把愛吃的食物當作誘餌，例如「先吃掉青椒，就可以吃最愛的維也納香腸」。但是，這樣做真的能改掉偏食的毛病嗎？即使孩子勉強吃了青椒，也只是為了吃到維也納香腸而忍耐而已，絕不是因為克服了對青椒的厭惡。這樣一來，孩子永遠不會喜歡上討厭的食物，反而還要擔心他們因為光吃討厭的食物就飽了。

我認為，**讓孩子先吃喜歡的食物，可以達到比較好的「食育」效果**。首先，準備好幾道菜，問孩子喜歡哪一道，並且讓他吃最喜歡的那一道；接著，再從剩下的食物中，挑出他喜歡的來吃，像這樣反覆進行。這樣一來，**除了最後一道菜之外，每一道菜都是孩子喜歡的，就會覺得好吃**。

先從喜歡的開始做

這個原則同樣也能套用在工作上，當你有必須要完成的工作時，就把待辦事項排出優先順序，先從喜歡的工作開始做，就能夠帶著好心情並有效率地進行。**從喜歡的工作開始做，心情上比較愉悅，更能拿出比平常更高的幹勁**，趁勢接著做不擅長或困難的工作，就能得到超乎預期的成果。

腦科學也證明了這個理論，透過影像觀察大腦的血流，發現當人們樂在其中時，前額葉皮質區（Prefrontal Cortex）的血流會增加，思考能力和記憶力也跟著提升。若想要愉快地投入工作時，最好從喜歡或擅長的事情開始做，自然就不會招來壞心情。

先做喜歡的事會令人心情愉快。

試著先從喜歡或擅長的開始做

即使勉強吃討厭的食物，也改不了偏食。

從喜歡的食物開始吃，就會覺得好吃。

充分休息

★疲勞時勉強工作，什麼都做不好。
★充分休息才能找回活力。
★真的很辛苦時就徹底休息一周吧。

休息能讓工作和人際關係更順利

在疲勞的情況下加班到很晚，工作成果也不會好，不僅精神上很痛苦，還可能會弄壞身體。日本電影巨匠之一的黑澤明導演在拍片時基本上是「不加班」的，原因是如果劇組或演員很疲勞就拍不出好電影，所以從不延長拍片時間。

為了度過愉快的每一天，休息是非常重要的。我每天都會睡滿八小時，尤其是要挑戰新工作或困難的領域時，我會讓大腦和身體獲得充分的休息，這樣才能平心靜氣地做事。

其實，休息與戀愛和人際關係也有很大的關係，想要和單戀對象告白的人，我會建議他們先好好休息、消除疲勞，然後再向對方告白。在疲勞狀態下跟對方告白，絕對不會成功，因為疲勞都寫在臉上，反而讓自己缺乏魅力。此外，還會不易讀出對方的表情，甚至容易在得不到想要的回應時退縮。

下定決心休息一周吧！

覺得有氣無力、身心俱疲時，就向公司請假一周，並隨性度過。出國旅行也好，閱讀或聽音樂也無妨，如果什麼都不想做，只躺在床上也很好。

當病人因為精神官能症（Neurosis）等原因住院治療時，「森田療法」會建議病人在一周內什麼都不做，讓他們體驗沒有焦慮和不安的日子。**一周內什麼都不做，就不會感到不安和焦慮**，反而會變得想要做些什麼，也就是不安變成了欲望。當人被強制「不要做」什麼的時候，反而會產生想做些什麼的本能，喚醒這種本能，就能讓心情變得正面積極。

感到痛苦時，就休息一周吧！

休息一周，就能喚起想做事的本能

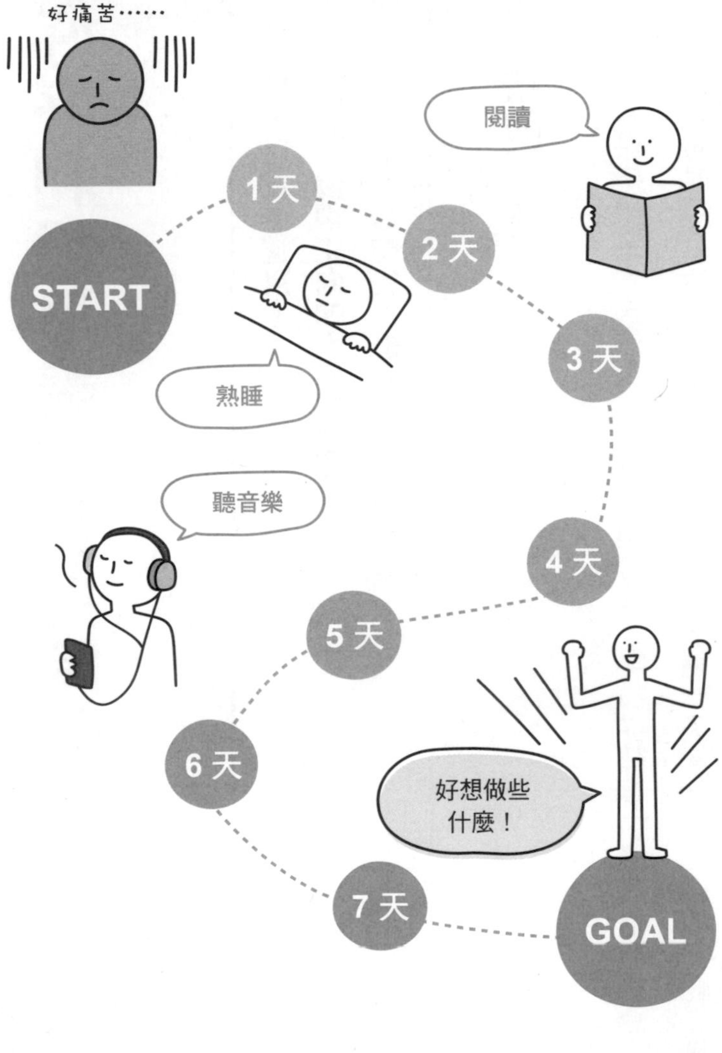

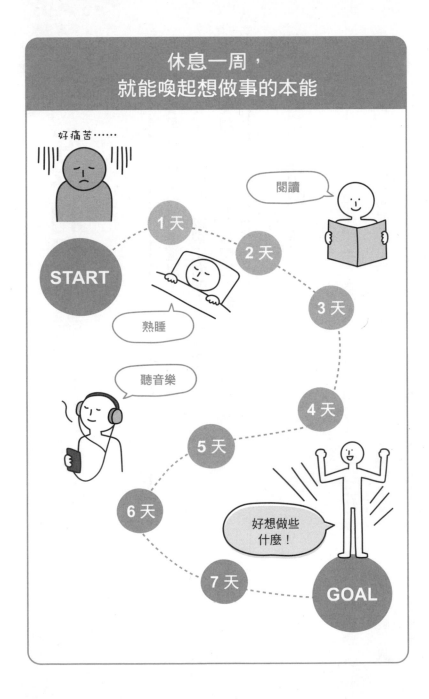

6

好好利用早晨的黃金時間

★早晨時段可以自由運用。
★早晨是讓心態變得正向的大好時機。
★想要有美好的早晨時光，舒服地醒來很重要。

早晨與情緒的關係

為了讓情緒保持穩定，我最重視早晨這個時段，早晨從睡夢中舒服地醒來令人充滿正能量，能成功喚起一天的活力，心情愉悅地度過一天。許多忙碌的財經界人士和企業家都會悠閒地度過早晨時光，藉由慢跑、冥想或呼吸法，做為迎接美好一天的準備。

早晨時段的好處是比較能自由運用。白天時，人們大多待在職場或學校，自由的時間很有限；到了晚上，身心都很疲憊了，再熬夜只會把疲勞留到隔天。如果是早晨這段時間，就能不受干擾地專注在喜愛的事物上。隨著年齡增長，早起不再是一件痛苦的事，我漸漸體會到早晨時光的魅力，悠閒度過早晨時光的過程中，我發覺早晨時光與一天的心情有很大的關聯。

整理情緒，讓心情變得正向

基本上，要如何運用早晨時光是個人自由，不過我建議大家一定要記得「挪出時間整理情緒」，**即使前一天發生了討厭的事，到了隔天早上也要記得重整心情再出發。**早晨是一天中最平穩的一段時間，好好利用這個時段，對即將到來的一天抱持美好的展望吧！可以只在腦海中想像，也可以試著出聲說：「我要讓今天變得更美好！」

早晨是整理自己的情緒、讓心態更正向的大好時機，為了好好地利用早晨時光，舒服地醒來是一大前提。請大家盡量不要在晚上喝太多酒，並減少睡眠不足的情況，為了要在一大早就火力全開，調整生活作息很重要。

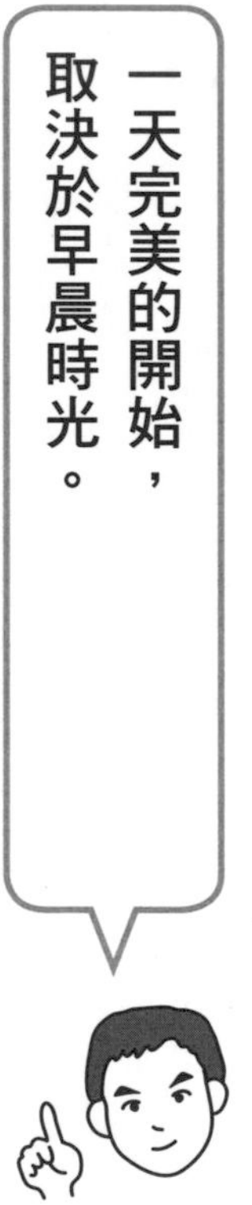
一天完美的開始，
取決於早晨時光。

美好充實的一天從早晨開始

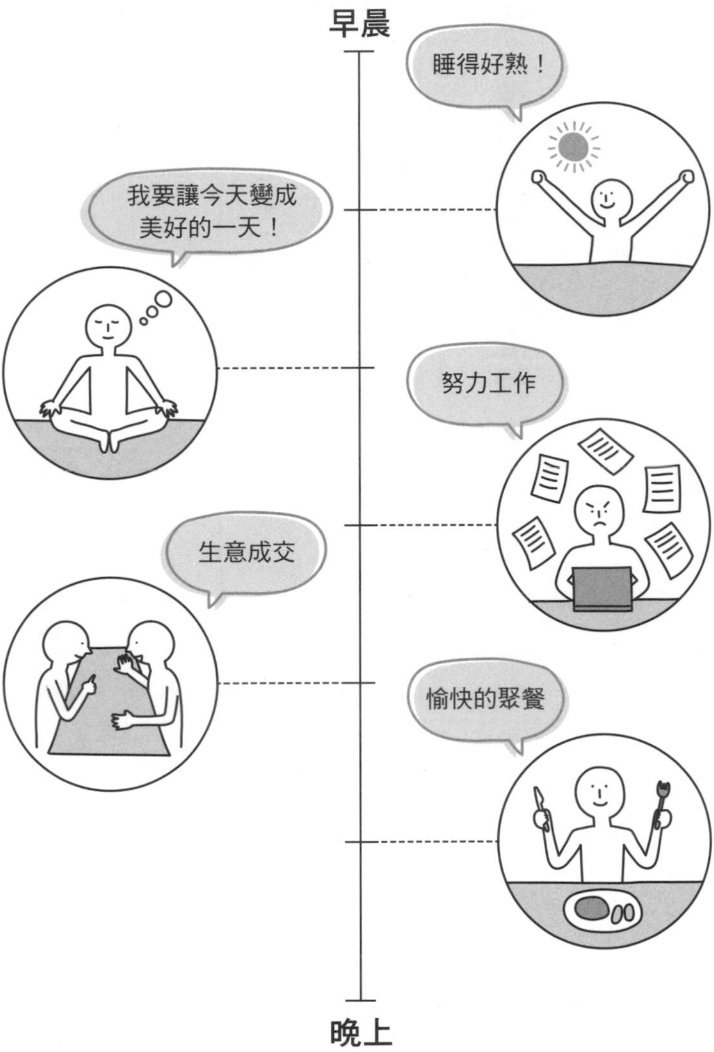

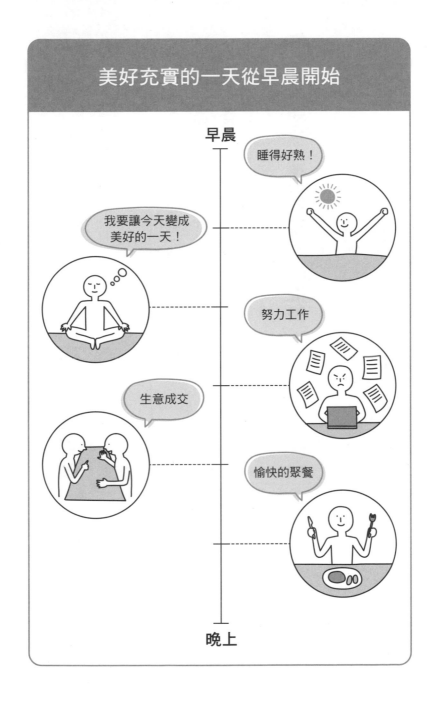

每天
都有好心情的
9 大方法

7

透過轉換心情來「覆蓋」情緒

★無論多討厭的事，都能夠忘記。
★即使是小事也好，找出該做的事。
★專心執行待辦事項，討厭的記憶就會淡化。

人類有「覆蓋記憶」的機制

人類的大腦在有了新的體驗之後，就會「覆蓋」先前寫入的資訊，因為如果不這樣做，大腦就無法處理龐大資訊量。光是在短短一天中，就有各式各樣的資訊進入我們的大腦，包括眼睛看到、耳朵聽到、手觸摸到的事物，以及吃到的食物和聞到的氣味。

一天當中，情緒並非保持不變，而是會隨著時段不同而上下起伏，而那些龐大的資訊會全部寫入大腦，所以只要透過「覆蓋」，就能讓原有的記憶變得模糊。這個理論告訴我們，**無論發生多麼討厭的事，只要用新資訊加以覆蓋，不知不覺就會忘記**。

正因為大腦有這個機能，人類才能保持精神健康。話雖如此，還是有很多人對於討厭的記憶會耿耿於懷，與愉快或開心的事相比，討厭或悲傷的事比較容易留在記憶裡。這是因為人容易想起不好的事，所以要讓心情愉快，就必須巧妙地進行「覆蓋」，讓討厭的記憶不再被喚起。

準備許多小小的「待辦事項」

為了「覆蓋」討厭的記憶，**就先找出該做的事，並逐一處理**，任何小事都可以，先按照優先順序把待辦事項寫在紙上，然後機械性地一個個完成。這麼一來，注意力就會集中在待辦事項上，討厭的記憶將會淡忘。

如果找不到馬上就能做的待辦事項，不妨**事先準備幾個屬於自己的轉換心情法**，像是打開家中窗戶、睡三十分鐘的午覺、沖澡、泡杯濾掛式咖啡、點芳香精油、做個伸展操等等，輕易就能辦到的行為最適合。光是轉移注意力去做其他事，心情就會神奇地變好。

透過「覆蓋」，來忘掉討厭的記憶吧！

透過簡單的待辦事項，就能「覆蓋」討厭的記憶！

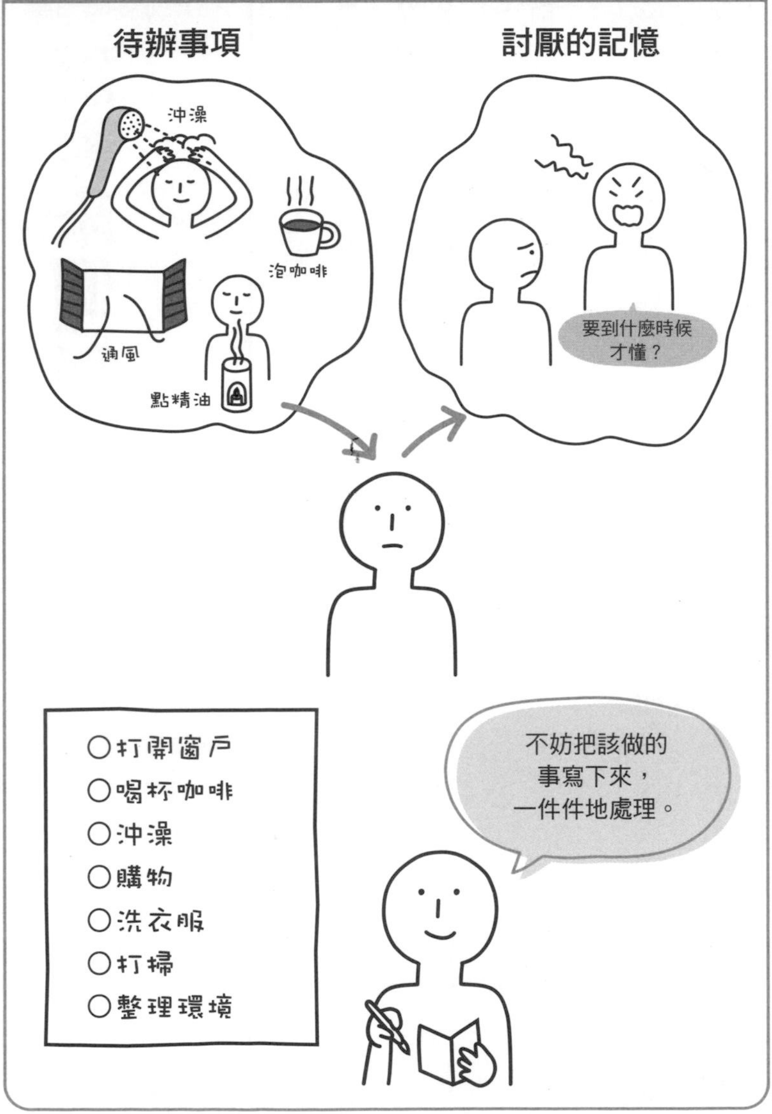
待辦事項
討厭的記憶
沖澡
泡咖啡
通風
點精油
要到什麼時候才懂？
○打開窗戶
○喝杯咖啡
○沖澡
○購物
○洗衣服
○打掃
○整理環境
不妨把該做的事寫下來，一件件地處理。

試著來個新挑戰

★重複做一樣的事就不會進步。
★如果行不通就馬上放棄，並尋找其他方法。
★先做再說，就會有收穫。

抱著「前例主義」就不會進步

當我們在會議上提出意見時，總有人會問：「之前有沒有成功的例子？」也就是「沒有前例就不做」。在我們身邊，也有許多這種只重視過去的成功案例而不講道理的人吧！不過，你是否也不自覺陷入這種「前例主義」了呢？

「我想換工作，可是從來沒有人離開這家公司後還過得很好的。」

「我想執行這個全新的企劃案，可是之前類似的企劃案都失敗了。」

許多人都像這樣，因為沒有前例而猶豫。重複做同樣事情是不會進步的，無論什麼事情，不試試看就不知道結果，打從一開始就斷定行不通，只會讓自己無法成長，**先試試看，不行的話再想其他方法就好**。

先採取行動，就會有收穫

就算不是什麼大的改變，人們常會因為靈機一動的某個想法而採取行動。

「在以前沒去過的車站下車，試著走進小巷子探險看看，說不定會發現很棒的店喔！」

「去看夜間比賽，說不定能讓心情變好！」

這些大家腦海中一定都曾閃過的念頭，但是有些人總是會往壞的方面想，不採取行動。

「可是，如果中途下車卻沒發現什麼，就等於浪費時間了。」

「如果支持的隊伍輸了就沒意思了。」

我想告訴這些人「做就對了」，**無論結果如何，採取行動一定會有收穫。**假如去了大受好評的拉麵店，卻剛好遇到店家休息，還是可以把這件事當作聊天的話題，或許能找到其他好吃的店也說不定。**「先做再說」能讓身心都變得正面積極。**

「先做再說」能讓心態變得正面積極

陷入「前例主義」的人

「先做再說」的人

9

模仿情緒好的人

★團體中的核心人物會決定團隊氣氛。
★和情緒好的人在一起，會不自覺地受到同化。
★接近情緒好的人並模仿他。

決定團隊氣氛的人

無論是職場上的團隊或同好會，都有「幸福團隊」和「不幸團隊」，職場上的「幸福團隊」會接到重大的工作，大家同心協力克服難關，持續拿出成果。即使如此，凡事都不可能順利，偶爾也會失敗，但是他們仍然能從失敗中找出對日後有幫助的改善方法，下次機會來臨時就知道哪裡需要改進，並做出成果，結果就是每位成員懷抱著滿足感投入工作。

另一方面，「不幸的團隊」雖然不至於每件事都失敗，但是缺乏成就感。即使工作很順利，但成員卻對上司或同事感到不滿，團隊中瀰漫著無法共享成就感的氛圍。這兩種團隊的差異，和團隊的核心人物有很大的關聯，核心人物的情緒會慢慢擴散到整個團隊，最終決定了團隊的氛圍。

接近情緒好的人，並試著模仿

和開心果（＝情緒好的人）在一起，自己會在不自覺中被同化，變得能夠正面地看待任何事，無論何時都不要失去開朗的個性，並養成朝著目標努力的態度，最後就會在不知不覺中開始走好運。

如果想成為情緒好的人，首先要積極接近情緒好的人，此外還要觀察他的行動，針對自己可以學習的地方加以仿效。如果你有自己的「美學」和「堅持」，請馬上捨棄，優秀的人不會堅持自己的立場，而是坦率地模仿別人。此外，也不要管年齡或資歷，只要對方比自己優秀，情緒也很好，就加以模仿。

保持好心情，就會帶來好運。

模仿情緒好的人，是擁有好心情的鐵則

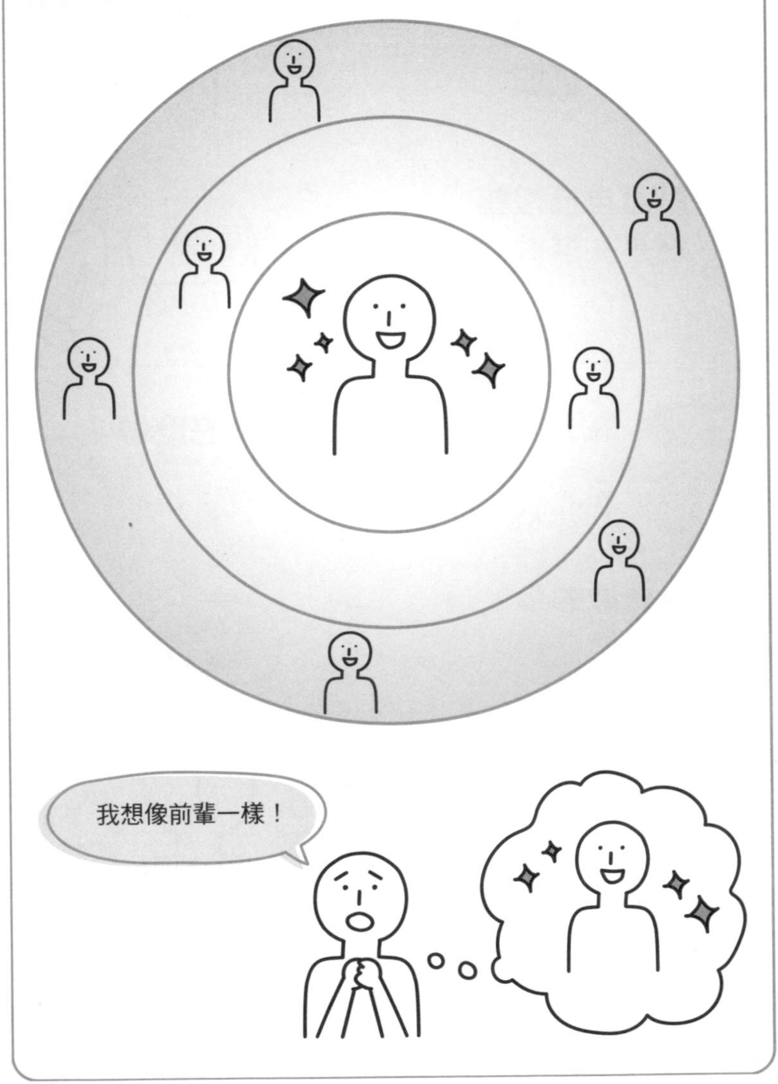

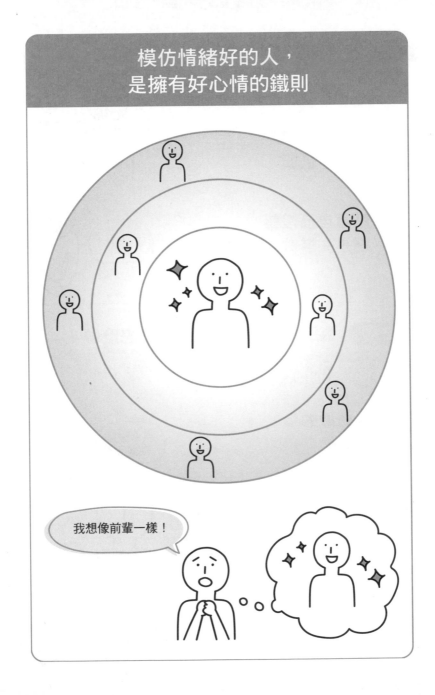

情緒整理的練習題❹

第 1 題　何種態度能夠避免不開心？

絕不
道歉！

A 自己沒犯錯時
絕對不低頭

對不起！

B 就算自己沒錯
還是先道歉

第 2 題　為了激發更好的鬥志，該怎麼做？

A 從喜歡的事
開始做

B 從討厭的事
開始做

要從哪個
開始呢？
討厭
的事
喜歡
的事

答案　第1題　B　（→148頁）
第2題　A　（→152頁）

第 3 題 要向單戀對象告白時，怎麼做才會順利？

A 就算身心疲憊，還是盡早告白

B 充分休息，等疲勞消除後再告白

第 4 題 為了整理自己的情緒，該如何利用時間？

A 利用早晨時段

B 熬夜回顧一天

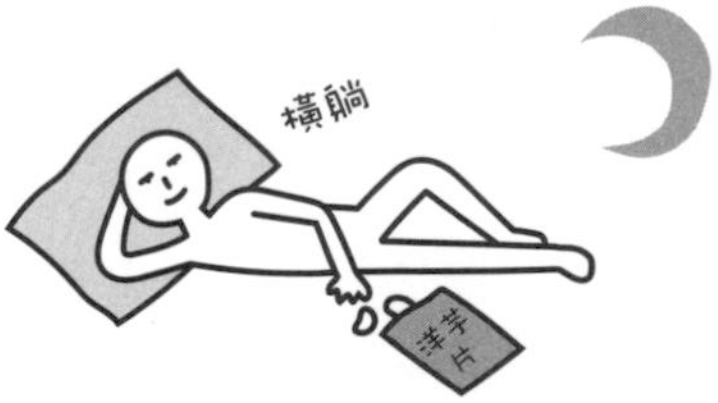

答案 第 3 題　B （→ 156 頁）　第 4 題　A （→ 160 頁）

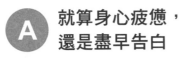

第 5 題 如何忘記討厭的事？

A 把討厭的事詳細寫下來，
把它們趕出腦海

B 找出該做的事，
從優先次序高的項目開始做

第 6 題 要如何成為情緒好的人？

A 接近情緒好的人，
並加以模仿

B 向神明祈禱情緒好的人
會模仿自己

答案 第5題 B （→164頁） 第6題 A （→172頁）

附錄

讓心情由負轉正的
17 招情緒整理術

情緒整理術 1

深呼吸七秒

焦躁時大腦會處於氧氣不足的窒息狀態，所以要有意識地把氧氣送到大腦，具體的方法就是**深呼吸七秒**。打開窗戶，或是走到陽台，大口呼吸窗外的新鮮空氣，**想像「新鮮氧氣送進了大腦」**也很有效，然後在吐氣時把焦躁的情緒一起吐出。

吐出焦躁感，讓自己神清氣爽。

吐出焦躁感的呼吸法

吸——
1,2,3…
想像新鮮
空氣送到
了大腦
吸氣
七秒

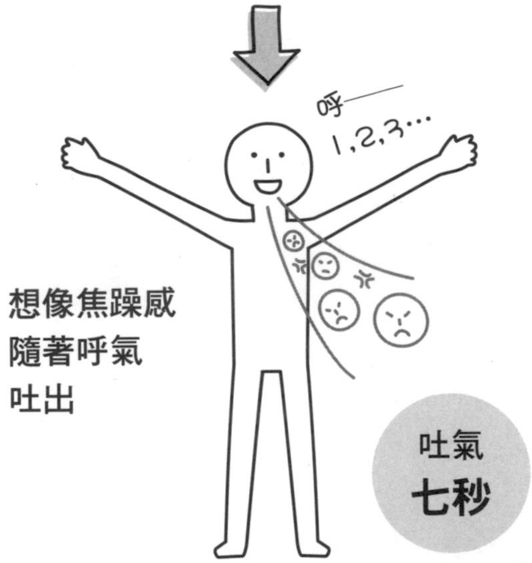
呼——
1,2,3…
想像焦躁感
隨著呼氣
吐出
吐氣
七秒

藉由深呼吸來提振精神！

情緒
整理術
2

寫下自己的行為和情緒

準備一本筆記本，詳細記錄自己一天內的行為和心情。

「早上幾點起床？醒來時舒服嗎？」

「早餐吃了什麼？好吃嗎？」

「中午前做了什麼工作？有進展嗎？」

記錄一周後，重新檢視筆記本內容，就能看出自己的心情起伏變化，然後多多採取會讓自己心情好的行動。

透過記錄，就能看出什麼行動會讓自己心情好。

找出讓自己心情好的重點

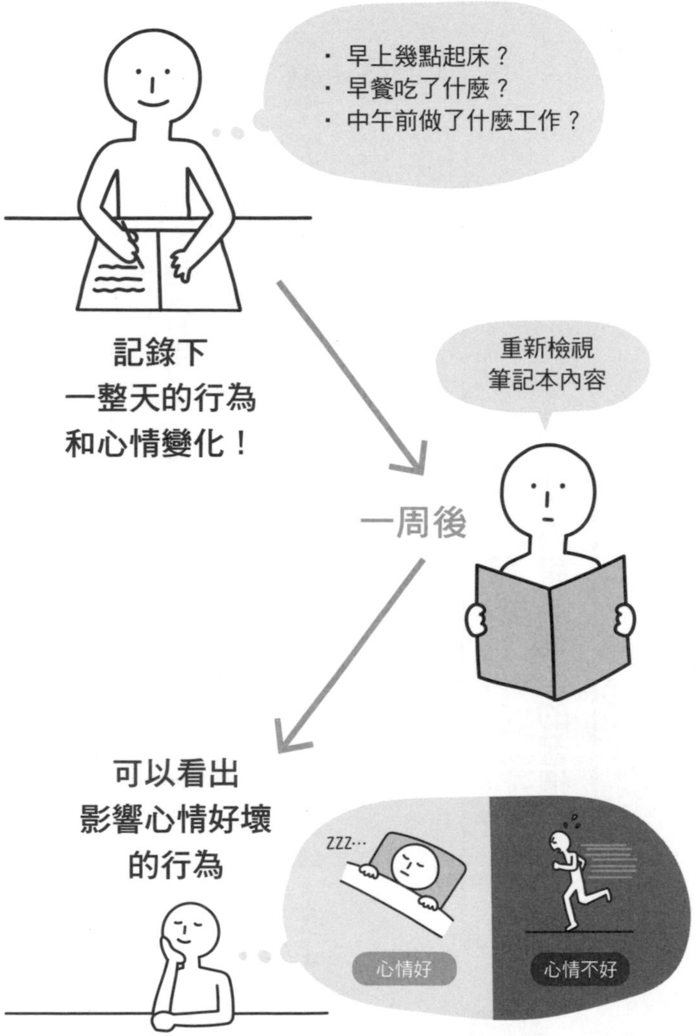
・早上幾點起床？
・早餐吃了什麼？
・中午前做了什麼工作？
記錄下
一整天的行為
和心情變化！
重新檢視
筆記本內容
一周後
可以看出
影響心情好壞
的行為
zzz…
心情好
心情不好

多多採取會讓自己心情好的行動吧！

情緒整理術 3

誇獎別人

說別人壞話的人通常都沒有自信，想藉由批評別人，來凸顯出自己比較優秀，而情緒好的人在精神上很從容，所以能夠積極誇獎別人。如果有時間批評同事或上司，不如找一個能夠互相誇獎的對象，互相誇獎可以讓彼此成長，在工作上取得成功，在精神上更有餘力誇獎別人。

別說別人壞話，而是養成誇獎別人的習慣。

積極誇獎別人吧！

因為缺乏自信而批評別人

精神上有餘裕，才有餘力誇獎別人

透過互相誇獎來讓彼此成長。

情緒整理術 4

改變髮型或穿著

光是改變髮型或服裝，就能很神奇地讓人產生自信，或是產生勇氣去嘗試過去沒做過的事。有很多方法可以改變外型，例如剪掉長髮、把短髮留長、換穿休閒服或整齊的套裝、改變妝容、佩戴首飾等等。當外型改變，旁人也會產生不同的反應，進而成為轉換心情的契機。

光是改變外型，就能轉換心情。

試著改變外表吧！

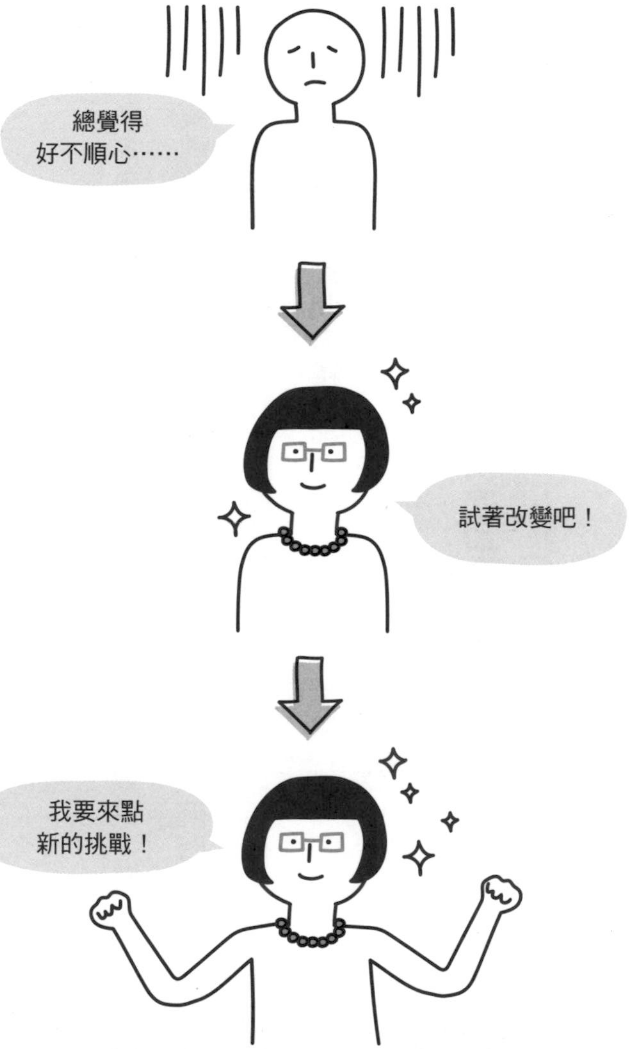

當髮型和服裝改變了，心情也會改變。

情緒整理術

5

吃甜食

吃甜食會讓血糖上升，能產生滿足感和重振精神的效果，藉由進食來刺激胃部，副交感神經將會運作，達到抑制焦躁感的功效。吃東西時，注意力會轉移到「吃」這件事上，能讓心情平靜，即使原本心情不好，情緒也能暫時恢復平穩。此外，吃冰或雪酪也能幫助情緒冷卻。

甜食帶來的眾多好處

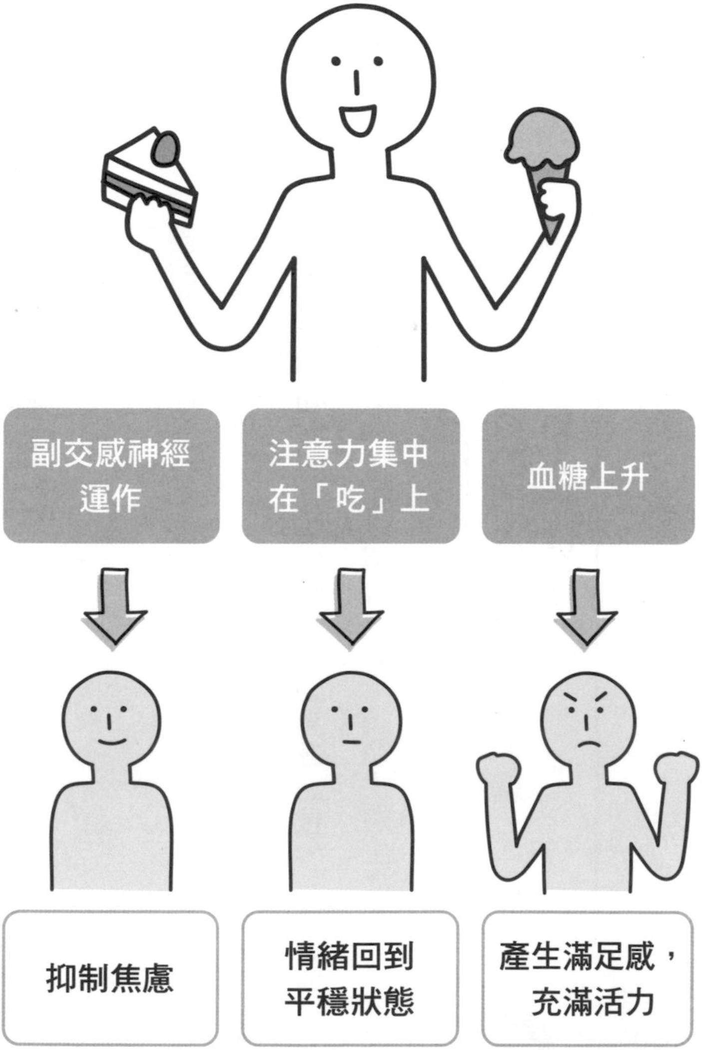
副交感神經運作
注意力集中在「吃」上
血糖上升
抑制焦慮
情緒回到平穩狀態
產生滿足感，充滿活力

建議在心情不好時吃甜食。

情緒整理術
6

重視節慶和紀念日

我建議大家要**重視生活中的各種節慶**，和身邊的人一起慶祝另一半或孩子的生日、結婚紀念日、春節或聖誕節等等。入學、畢業、就業、轉職、調任或升遷也都是重要的人生階段，**重視這些關鍵時刻能讓生活充滿高潮起伏**。有意識地度過這些節慶和人生階段，藉此轉變心情，就能按照自己的步調愉快過生活。

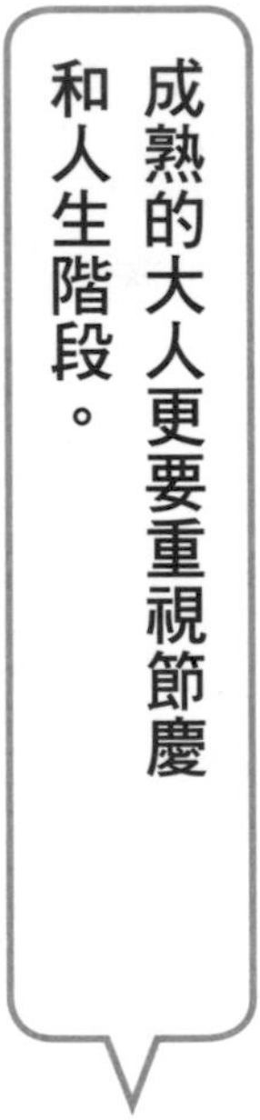
成熟的大人更要重視節慶和人生階段。

快樂慶祝重要紀念日吧！

Happy Birthday
入學
畢業
我今天成為正式員工，請多指教！
升上課長了！

重要節日讓生活更豐富。

情緒整理術
7

謹慎應對

對任何人都誠實並謹慎應對的人不會捲進麻煩中，所以幾乎很少有壞心情。模糊不清的應對是最不好的，別人來委託工作時，要明確告知接或不接、何時做完和如何進行，養成仔細回答的好習慣，將會得到旁人信賴，自己也能保持好心情。

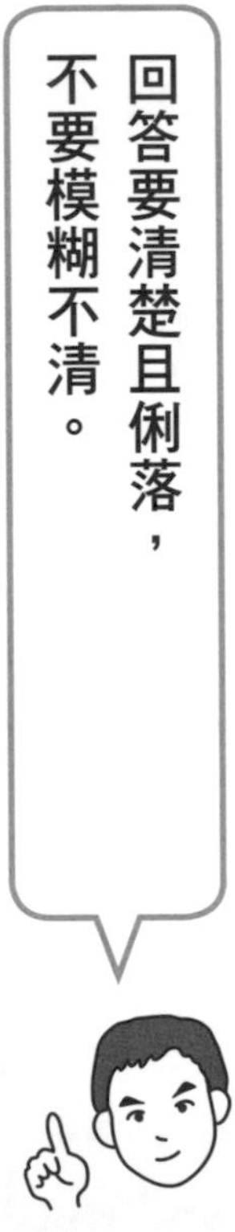
回答要清楚且俐落，不要模糊不清。

應對時的回答要清楚且俐落

這件工作可以拜託你嗎？
咦，為什麼是我？

我現在很忙……
這件工作可以拜託你嗎？
呃，大概可以吧！

我本周已經排了工作，所以沒辦法接。
這件工作可以拜託你嗎？
如果是下周的話就可以。

好好應對就能避免麻煩。

情緒整理術 8

找出一本能鼓舞自己的書

當自己快要被不安壓垮，沮喪到谷底時，透過閱讀一本能鼓勵自己的書，腦海中那些討厭的事會在不知不覺中消失。如果你是上班族，應該能把自己和日本知名作家城山三郎或藤澤周平筆下的登場人物角色交疊，對他們深有同感或受到鼓舞。

請大家務必找出最適合自己的一本書。

激勵自己沒有標準答案，找出專屬自己的那一本書吧！

鼓舞自己的方法

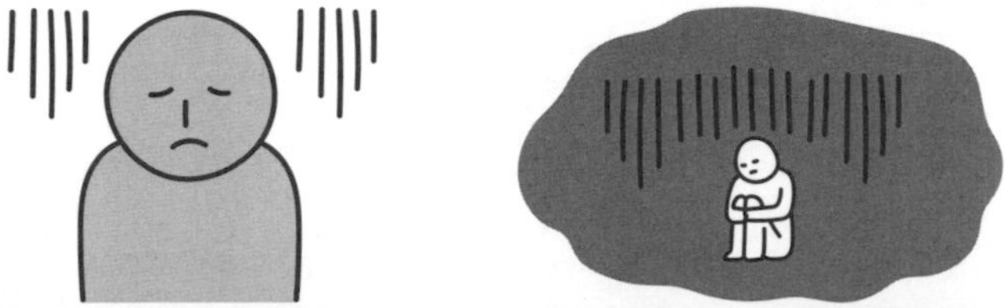

快被不安壓垮時

沮喪到了谷底時

這時候就要……

閱讀！

書是鼓勵自己的啦啦隊。

情緒
整理術
9

「客觀報導」自己的情緒

心情不好時，可以試著「客觀報導」自己的情緒，例如：

「看到孩子又把房間弄得亂七八糟，我就好想把孩子罵一頓……」

心理學把這種客觀看待自己的行為稱為「後設認知」（Metacognition），從俯瞰的視角來看待自己，就能冷靜地和自己的怒氣保持距離。

想像有另一個自己正看著自己。

客觀看待自己的情緒

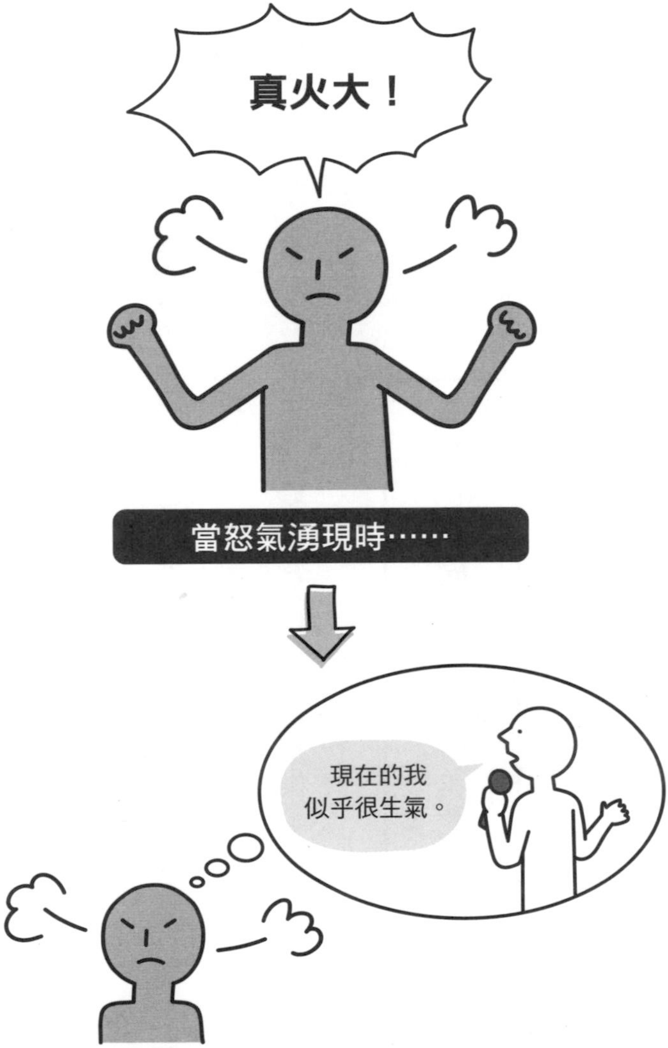
真火大！
當怒氣湧現時……
現在的我
似乎很生氣。

「客觀報導」自己的情緒，藉此恢復平靜吧！

情緒
整理術
10

說「謝謝」

部下做事態度被動、孩子不聽話……當你忍不住想對別人發怒時，可以先說一句「謝謝」將會發揮穩定情緒的功效。主動向對方道謝，就算不是真心的也無妨，透過向對方道謝，對方的反應也會改變，怒氣也神奇地消失了。

不是真心的也無妨，試著向對方道謝

互相反駁

為什麼
都不做事！
我一直都
很努力好嗎！

試著說句「謝謝」

謝謝你！
不會啦。還有
什麼工作要做嗎？

感謝的話會改變對方的反應。

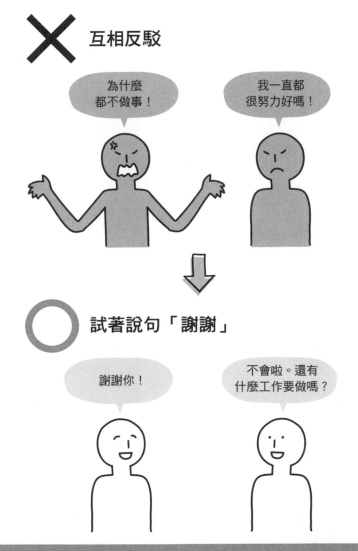

情緒
整理術
11

事先準備替代方案

假設鑽牛角尖地認為「自己只有一條路可走」，當這條路走得不順利時，很可能會失去平常心並進退兩難，因此，事先準備替代方案很重要。

「如果無法跳槽到A公司的話，B公司也可以。」

「如果沒有結婚的打算，那投資單人套房也是個選項。」

像這樣事先想好替代方案，精神上就能得到安定。

為了讓心情保持從容，
要經常準備替代方案。

不執著於一個方法

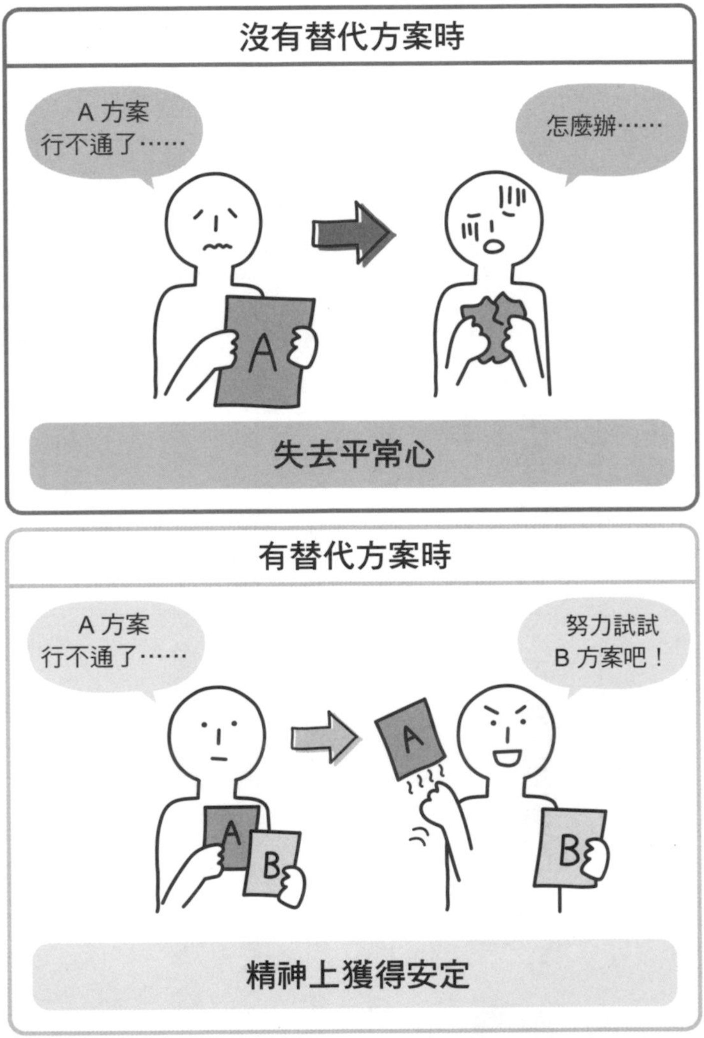
沒有替代方案時
A 方案
行不通了……
怎麼辦……
失去平常心
有替代方案時
A 方案
行不通了……
努力試試
B 方案吧！
精神上獲得安定

有替代方案，心情更從容自在。

情緒整理術

12

索性看開吧！

當事情怎麼樣都不順利時，要是過度自責就會讓情緒低落，覺得越來越難受。這時，索性看開也是一個方法，所謂的「看開」，是指肯定現在的自己。舉例來說，面臨無法出人頭地的狀況時，用「維持現狀就好、自己這樣就好」來肯定自己，就能找到新的方向，例如把心力花在興趣上，或是珍惜和家人相處的時光。

與其消沉下去，不如索性看開。

偶爾看開也是很重要的

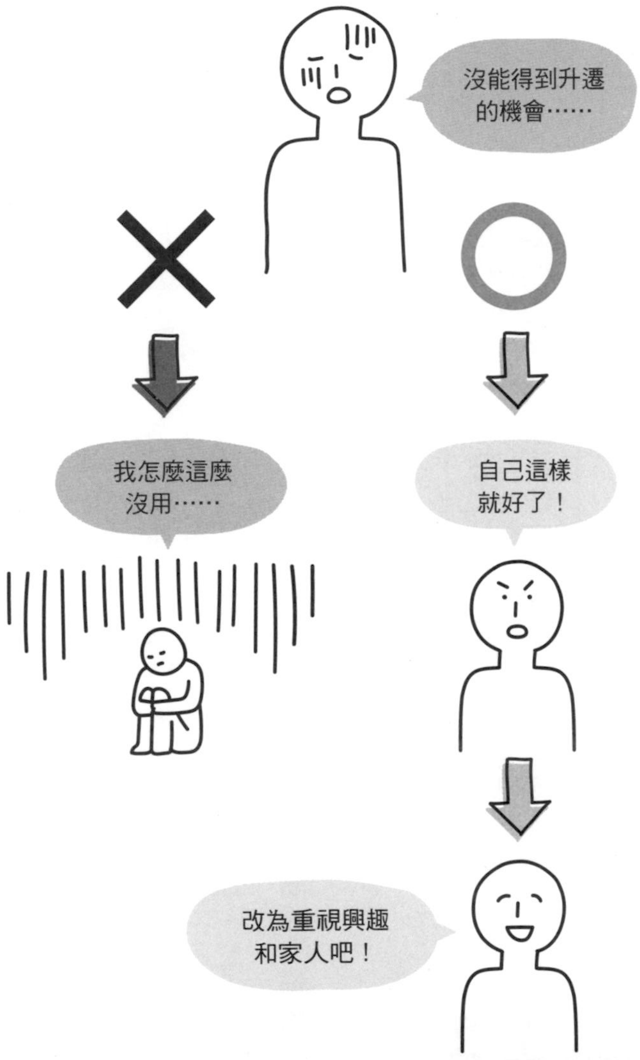

藉由自我肯定來尋找新方向。

情緒整理術 13

先安排好私人行程

每天加班壓力很大，精神上受到磨耗，心情也好不起來。我建議可以先著手改變生活節奏，具體方法是**優先把私人行程排進行事曆裡**，例如和朋友聚餐或上才藝班等等。過程中需要承受一些痛苦才能習慣，但這樣做能讓生活節奏漸漸產生變化，透過私人行程來重振精神，就能每天都有好心情。

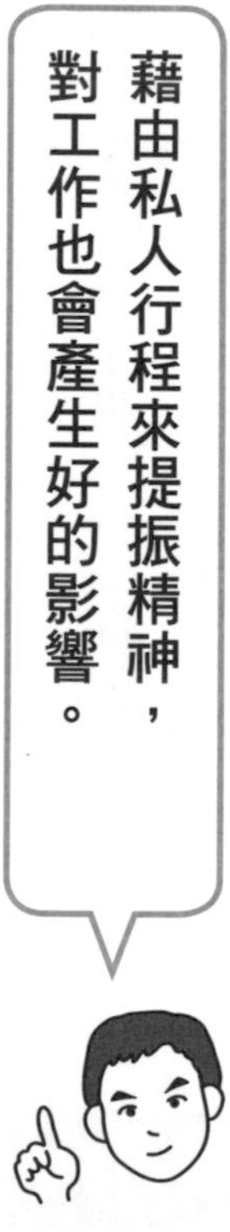
藉由私人行程來提振精神，對工作也會產生好的影響。

先排定私人行程

懂得規劃
私人行程

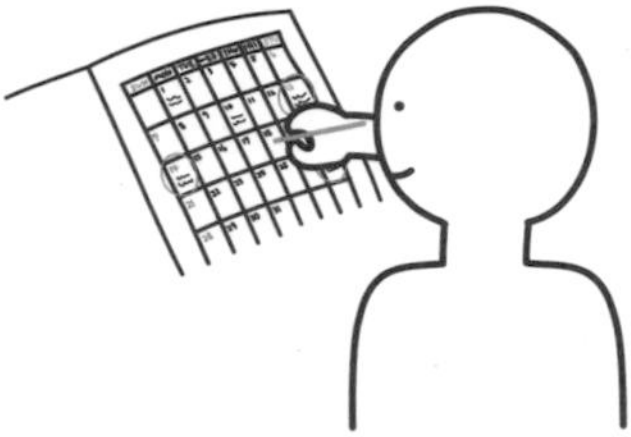

為了配合行程
而努力工作

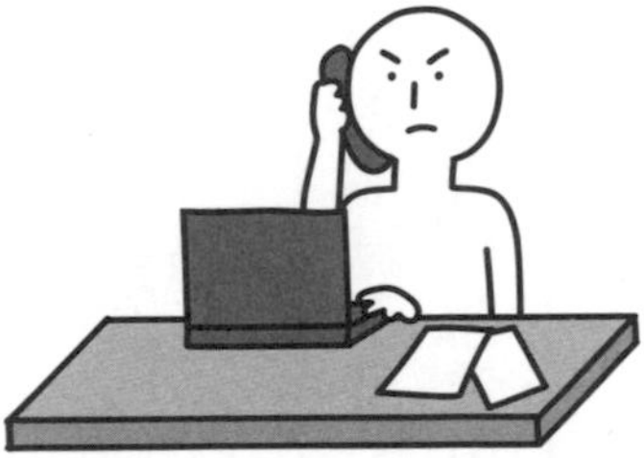

每天都能
愉快地度過

藉由私人行程來重振精神。

情緒整理術 14

把煩惱寫在紙上

鋼鐵大王卡內基（Andrew Carnegie）在工作或私生活上有許多煩惱時，他會為了知道自己究竟有多少煩心事，便試著把煩惱逐一寫在紙上，他寫了六十個左右便停筆，這些就是他所有的煩惱。當我們有煩惱時，就試著把煩惱寫下來，應該能歸納出十個左右，這樣做不但可以整理自己的現況，還能逐一思考應變的方法。

把煩惱寫下來，會發現比想像中還要少。

有許多煩惱時該怎麼做？

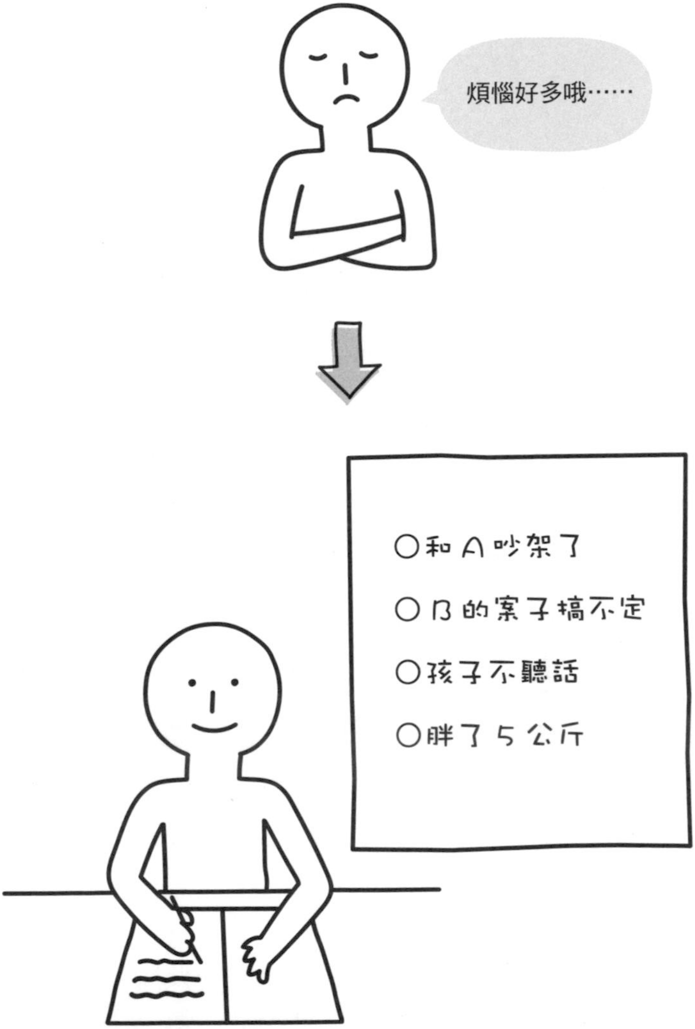

藉由書寫來整理現狀。

情緒整理術
15

只看好的一面

下判斷時，要記得從好的一面去看。我們以「很愛操心」為例，就要看好的一面，而不是一味地否定自己，「我是注意細節的類型」、「我做事很謹慎」從這些好的方向去思考，就不會否定自己，情緒也不容易陷入消沉，看待別人時也是一樣的道理。

無論對自己或別人，都要看好的一面而非壞的一面。

從優點著眼

○ 看好的一面	× 看壞的一面
注意細節	太會操心
有邏輯的思考	愛講大道理
個性認真	不懂幽默

看好的一面，
感覺好正面啊！

從好的一面著眼，就不容易沮喪。

情緒整理術 16

以自己的原則為優先

職場上有些不成文的規矩，例如「不可以比上司早下班」，但是這些不成文的規矩不一定正確，有些可能違背了社會的一般常識，或是會隨著時間流逝或主管換人而改變。所以，**這些不成文規矩只要適度遵守就好**，偶爾以自己的原則為優先也無妨。

要有能夠適應任何環境的基本個人原則。

偶爾要以個人原則為優先

▶個人原則❶**不喝酒**

去喝一杯吧！
我不喝酒。

▶個人原則❷**盡早下班**

你要回去了？
我先下班了！

▶個人原則❸**一個人看電影**

一起去看電影吧！
對不起，我想一個人看。

不必過份在意不成文的規矩。

情緒整理術 17

換位思考，想像自己是當事人

當你對某人抱著負面情緒時，請試著站在對方的立場去想像，例如，當你覺得「領社會救濟金的人是米蟲」時，請試著想像自己生了重病又失業時，每個人都有可能因為意外或生病而失去工作。站在當事人的立場去想像，應該會有不少體會，從平時就養成想像別人心情的習慣，可以讓情緒保持冷靜。

發揮想像力能讓情緒保持冷靜。

為了讓情緒保持冷靜

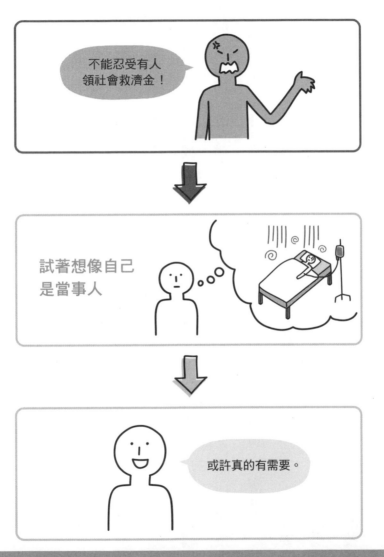

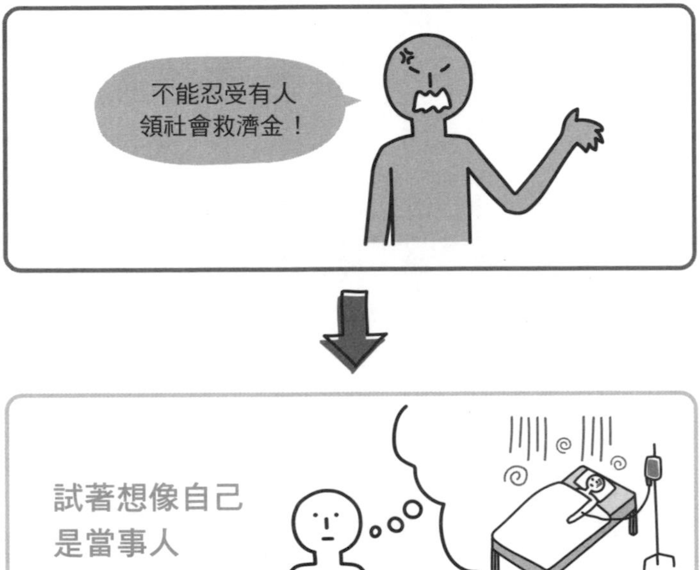

站在當事人的立場去想像吧！

〈後記〉

情緒掌控是有技巧的！

人生在世會遇到各種困難，而情緒這種東西是自然產生的，無法避免，不過我相信大家看了這本書之後，就會知道「凡事都有方法」——這是我的基本信念。

無論記憶、唸書或工作，先學會訣竅再去做，會比用自己的方法去做更順利。雖然「有情緒」無可避免，但只要了解心和大腦的關係，並學習控制情緒的技巧，就不會被情緒擺布而做出不恰當的舉動，被情緒折磨的機會也會大幅降低。

產生情緒的模式有個人差異，所以沒有一種情緒控制法適用所有人，只要靠自己找到控制情緒的方法，那對當事人來說就是最好的方法。不過，當你遲遲找不到方法時，這本書就會是你最好的靈感來源，可以直接從書中找出適合自己的技巧，這樣做更能善加控制自己的情緒。

本書的內容並非絕對，我希望大家從書中獲得靈感，藉此掌握控制情緒的方法。與其一味害怕表露自己的情緒，不如多方嘗試書中所寫的各種技巧，這樣做會更有建設性，只要有任何一個方法有效，就能成為日後生活的一大自信。我以前曾用「考試有訣竅」來向成績停滯不前的考生說明「技巧」的重要性，同樣地，我也想跟大家說：「情緒掌控也是有技巧的！」

國家圖書館出版品預行編目資料

不被情緒勒索的 51 個方法 / 和田秀樹作 . -- 初版 .
-- 臺北市：三采文化 , 2018.02
面；　公分 . -- (Mind map ; 152)
ISBN 978-986-342-927-2 (平裝)

1. 情緒管理 2. 生活指導

176.52　　106022367

suncolor 三采文化集團

MindMap 152

漫畫＋圖解 不被情緒勒索的 51 個方法

作者｜和田秀樹　譯者｜伊之文　日文編輯｜李媁婷
美術主編｜藍秀婷　封面設計｜謝孃瑩　內頁排版｜優士穎企業有限公司 陳佩君
行銷經理｜張育珊　行銷企劃｜周傳雅　版權經理｜劉契妙

發行人｜張輝明　總編輯｜曾雅青　發行所｜三采文化股份有限公司
地址｜台北市內湖區瑞光路 513 巷 33 號 8 樓
傳訊｜TEL：8797-1234　FAX：8797-1688　網址｜www.suncolor.com.tw
郵政劃撥｜帳號：14319060　戶名：三采文化股份有限公司
初版發行｜2018 年 2 月 2 日　定價｜NT$320
10 刷｜2023 年 11 月 25 日

感情的にならない気持ちの整理術　ハンディ版
"KANZYOUTEKI NI NARANAI KIMOCHI NO SEIRIZYUTSU　Handy Version"

Illustrations by Inobe Azusa, Satou Jun (ASLAN Editorial Studio)
Cartoons by Yoko Youko
Original Japanese edition published by Discover 21, Inc., Tokyo, Japan
Complex Chinese edition is published by arrangement with Discover 21, Inc.